Anja Schäfer
Ganz schön fairrückt

W0193612

Die Bibelverse sind folgenden Ausgaben entnommen:
Hoffnung für alle®, Copyright © 1983, 1996, 2002 by Biblica, Inc.®.
Verwendet mit freundlicher Genehmigung von 'fontis – Brunnen Basel.
Alle Rechte weltweit vorbehalten. (HFA)
Neues Leben. Die Bibel, © Copyright der deutschen Ausgabe 2002
und 2006 by SCM R.Brockhaus im SCM-Verlag GmbH & Co. KG,
Witten (NLB)
Lutherbibel, revidierter Text 1984, durchgesehene Ausgabe in neuer
Rechtschreibung, © 1999 Deutsche Bibelgesellschaft, Stuttgart (LUT)
Gute Nachricht Bibel, revidierte Fassung, durchgesehene Ausgabe,
© 2000 Deutsche Bibelgesellschaft, Stuttgart (GNB)

Bibliografische Information der Deutschen Bibliothek:
Die Deutsche Bibliothek verzeichnet diese Publikation in der Deutschen
Nationalbibliografie; detaillierte bibliografische Daten sind im Internet
über http://dnb.ddn.de abrufbar.

© 2019 Neukirchener Verlagsgesellschaft mbH, Neukirchen-Vluyn
Alle Rechte vorbehalten
Gesamtgestaltung: Grafikbüro Sonnhüter, www.grafikbuero-sonnhueter.de
Umschlagbild: artdee2554 (shutterstock.com)
Bilder Innenteil: artdee2554, Macrovector (shutterstock.com)
Verwendete Schriften: Aracne Condensed, Supernett, Minion
Gesamtherstellung: GGP Media GmbH, Pößneck
Printed in Germany
ISBN 978-3-7615-6609-1 Print
ISBN 978-3-7615-6610-7 E-Book

www.neukirchener-verlage.de

ANJA SCHÄFER

GANZ SCHÖN
FAIRRÜCKT

Wie ich anfing, mich für
Gottes gute Welt einzusetzen

neukirchener

Inhalt

01
ANFANGEN

Widiwidiwie sie mir gefällt ...
Oder: Konkreter wird's später?

„Ich kauf' mir was. Kaufen macht so viel Spaß.“
Herbert Grönemeyer im Lied „Kaufen“

„Ein kleiner Anfang ist auch ein Anfang.“
Sprichwort

Ich durchforste die Werbeprospekte nach günstigem Joghurt, ich hole Angebote für unsere neue Haustür ein, weil durch die alte jedes Grad Wärme einfach entflieht, ich habe einen Wunschzettel mit Dingen, über die ich mich freuen würde, und manchmal bummel ich auch einfach nur so aus Lust und Laune durch die Läden. Ich kauf mir was. Kaufen macht so viel Spaß – sang Grönemeyer und hatte recht.

Konsum hat Macht. Er ist ein gewaltiger Faktor im Wirtschaftsleben und beeinflusst Zahl und Art der Arbeitsplätze. Kunden entscheiden, was läuft und was nicht. Geben sie das Geld nur noch hier aus, macht dort eine andere Firma dicht. Unternehmen sind hochsensibel dafür, wohin sich unsere Werte verändern. Wer heute nicht darauf achtet, was die Käufer wollen, macht morgen kein Geschäft mehr. Das gilt für Trendfarben des Sommers genauso wie für ein erhöhtes ökologisches Bewusstsein. Selbst wer nur im Kleinen für nachhaltiges Wirtschaften einsteht, beeinflusst, wie wir insgesamt in der Gesellschaft die Dinge angehen. Der Konsument bestimmt mit, wohin die Reise geht.

Und der Konsument bin ich. Einer von 80 Millionen in Deutschland. Ob ich das T-Shirt bei Primark, im Weltladen oder auf dem Flohmarkt kaufe, entscheidet, bei wem die Kasse klingelt oder nicht. Und wenn wir alle derselben Meinung wären, wofür wir unser Portemonnaie öffnen wollen und wofür nicht mehr, würde viel passieren: Als keiner mehr Eier aus Legebatterien wollte, durften Hühner auf dem Boden scharren. Wenn mehr Leute Bio-Bananen kaufen, landen weniger Pestizide im Boden. Wenn wir fair gehandelten Orangensaft in den Einkaufskorb legen, dürfen die Kinder der Pflücker in die Schule gehen, weil von den zusätzlichen Erlösen neben der medizinischen Versorgung auch Lehrer bezahlt werden.

Darum also „bewusster Konsum", dieses Schlagwort, das zu beschreiben versucht, dass ich nicht mehr bräsig jedes Hühnerfilet für 2,99 Euro kaufe, Kik & Co. meide, Wasser in Glasflaschen statt solchen aus Plastik nach Hause schleppe und mich auf die lange Suche nach einem gebrauchten Fahrrad begeben habe, statt für 199 Euro schnell eins im Baumarkt zu kaufen.

Denn ich weiß zu viel. So wie wir alle. Wir wissen von Kindern, die Teppiche knüpfen, Steine behauen und Kakaobohnen ernten müssen, statt in die Schule zu gehen. Wir wissen von Kühen, die in ihrem Leben nie das Tageslicht sehen, von Chemikalien in Baumwolle, Weintrauben und Kinderspielzeug, vom Hungerlohn pakistanischer Näherinnen, vom Müll auf dem Meeresboden und in riesigen Strudeln im Ozean. Wir wissen vielleicht nicht alles ganz konkret, aber dass da was im Busch ist, hat jeder zwischen sechseinhalb und 96 mitbekommen.

Ich weiß zu viel, um mich nicht zu fragen, welche Produkte dazu beitragen, dass Menschen arm oder krank oder ungebildet sind. Und umgekehrt: ob es Produkte gibt, die helfen, dass Menschen weniger arm und dafür gesünder und freier leben können und die Natur nicht so überbeansprucht wird, als könnten wir sie irgendwann einfach in die Reinigung oder zur Reparatur bringen.

Dabei ist das Thema komplexer, als mir lieb ist. Falsch deklarierte Bio-Eier muss ich als ärgerliche Betrügerei einzelner schwarzer Schafe in Kauf nehmen. Aber auch darüber hinaus ist nicht immer klar, was guter Konsum eigentlich ist. Nehme ich die Packung Bio-Eier aus dem Supermarkt – oder Eier aus Bodenhaltung eines Bauern in meiner Region? Hat die Jeans-Schneiderin in Bangladesch etwas davon, wenn ich nur noch in Deutschland genähte Kleidung kaufe? Sind deutsche Äpfel, die mehrere Monate im Kühlhaus gelagert wurden, ökologischer als mit dem Schiff transportierte Äpfel aus Neuseeland?

Das Gebot der Stunde heißt regional. Will heißen: Je näher in meiner Umgebung das Schwein aufgezogen und geschlachtet und der Brokkoli geerntet wurde, desto besser, weil auf jedem Kilometer Sprit verbraucht wird und Tiere unter Stress geraten. Andererseits ist selbst mir als geborenem Stadtkind, dessen einziges Grün die Balkongeranien meiner Mama und eine Birke in der Straße waren, klar: Kaufe ich ihn im Mai, wurde mein norddeutscher Apfel so lange in energieintensiven Kühlhäusern gelagert, dass es ökologisch gesehen sinnvoller sein könnte, den Apfel aus Chile zu kaufen, der mit dem

Schiff angeliefert wurde. Gar nicht zu reden davon, dass Erdbeeren im Winter natürlich gar nicht gehen – alle anderen Obstsorten aber schon. Oder? Immerhin habe ich weder im Februar Weintrauben an heimischen Reben noch überhaupt jemals Bananen an deutschen Stauden gesehen. Warum ist es trotzdem in Ordnung, sie zu kaufen, Erdbeeren aus Indien im Dezember aber nicht?

Gar nicht so einfach

Ich weiß zu viel, um nichts zu tun, und gleichzeitig lähmt mich die Fülle an Informationen in der globalisierten Produktion und mich befällt manchmal das Gefühl, erst an der Uni die passenden Seminare belegen zu müssen, bevor ich einwandfrei einkaufen gehen kann. Unser Konsumhandel ist so grenzüberschreitend, die Produktion so vielschrittig und damit so unüberschaubar, dass mir manchmal die Lust vergeht, die bestmögliche Variante zu suchen. Und eigentlich will ich ja gerade nicht, dass Konsum so einen großen Stellenwert in meinem Denken einnimmt. Es geht mir doch darum, dass mir das Haben-Wollen unwichtiger wird und ich mich auf meine Menschen und Aufgaben und das Leben einlassen kann. Und jetzt studiere ich plötzlich Bio-Siegel, grüble, welches T-Shirt ich mir kaufe und welches Fleisch.

Und das nervt manchmal – aber fühlt sich meistens richtig an. Denn irgendwann wurde mir klar: Es geht hier nicht nur um mich. Sondern um Menschen und andere Mitgeschöpfe und die Welt, wie ich sie mir wünsche. Wer sich keine Gedanken macht, trifft auch Entscheidungen – oder lässt andere die Entscheidungen treffen. Im Zweifelsfall die für mehr Profit.

Ich will mich selbst herausfordern, ich will weiterkommen. Und darum ist dieses Buch ein bisschen auch ein Selbstversuch: Ich werde großzügiger werden, eine Kaufnix-Woche einlegen, die Frage nach dem Bio-Apfel aus Neuseeland für mich klären, die Massentierhaltung so gut wie möglich boykottieren und mehr selber machen. (Ich werde außerdem auf Pelze verzichten, keine Hühnerherzen essen und nie SUV fahren. Aber das ist mir auch schon bisher ganz gut geglückt.) Soweit das Vorhaben. Mal sehen, wohin genau die Reise geht.

Ich werde vermutlich weder Vegetarierin noch Veganerin oder Frutarierin[1] und wohl auch nicht mein Auto abschaffen. Denn, das ist mir wichtig: Das Thema muss alltagstauglich bleiben. Der Gatte und ich arbeiten jeder mehr als dreißig Stunden in der Woche als Freiberufler mit nicht gerade üppigem Einkommen und wir haben zwei Sprösslinge, mit denen wir Zeit verbringen wollen. Die Gedanken und Veränderungen müssen irgendwie lebbar bleiben. Wir sind keine Idealisten und keine Perfektionisten, aber ich bin hochmotiviert, möglichst viel umzusetzen.

Was ich gar nicht will: mich von diesem komplexen Thema einschüchtern lassen. Etwas ist besser als nichts, hat mein Chef immer gesagt. Nächstes Jahr bin ich einen Schritt weiter. Lieber konkret etwas angepackt, als mich vom Perfektionismus bremsen lassen. So schnell springen mich kleine Gedankenäffchen an, die mir ins Ohr kreischen: „Wenn du jetzt anfängst, wird ein Riesenprojekt draus, das wird ein Fass ohne Boden – also lass es lieber gleich." Gern schwingt auch die Moralkeule über meinem Kopf: „Vollkommen fair werde ich nie leben können, dafür ist das System zu korrupt!" Und das stimmt. Ist aber genauso eine Ausrede. Wer sagt, dass ich mir nicht einfach die Freiheit nehmen kann zu entscheiden, was gerade geht und was nicht, wozu ich bereit bin und wozu auch nicht? Nichts muss sofort, was zählt, ist der Anfang. Ich muss nicht gleich ideal leben, sondern ich will mich auf den Weg machen.

Steile Ideale und kleine Schritte auf dem Weg

Die Standardfrage lautet: Gibt es gutes Leben im falschen? Lohnt es, unseren Konsum zu verändern, oder müssten die Veränderungen viel grundlegender sein? Ich würde sagen: Ja und ja. Wenn wir anständiger konsumieren, setzen wir damit immer zugleich auch ein Zeichen, das die großen Konzerne zum Umdenken bringen soll. Wir pirschen uns heran, um zu erforschen, wie wir leben wollen. Wir probieren und fragen und zeigen guten Willen und ändern, was in unserer Macht steht. Aber das ist nicht das Ende der Geschichte. Es geht für mich um mehr, um die Liebe zu Menschen und die Achtung vor Gott, es geht darum, dass Not ein Gesicht bekommt. Ich will mich nicht freikaufen von einem schlechten Gewissen, weil es mir gut geht, sondern mich für Menschen woanders interessieren.

Letzten Endes geht es natürlich um steile Ideale: darum, Armut zu bekämpfen, die Schöpfung zu schützen, für Gerechtigkeit einzutreten. Aber weil diese Ziele wie riesige Gipfel vor mir aufragen, will ich herausfinden, was funktioniert. Ich bin überglücklich, dass Gott mir das Leben geschenkt hat, bin so dankbar, dass es mir gut geht und viele großartige Menschen um mich herum leben. Deshalb finde ich es nur fair, dafür zu sorgen, dass auch andere besser leben können.

Mit meinen winzigen Schritten verstehe ich mich als kleine Unterstützung all der Aktivisten und Vordenkerinnen und Tatkräftigen, die sich schon lange aufgemacht haben. Wie Marie Delaperrière in Kiel zum Beispiel. Im Februar 2014 eröffnete die Deutsch-Französin den ersten von inzwischen Dutzenden Unverpackt-Läden in Deutschland. Gemüse, Müsli, Drogerieartikel und andere Produkte lagern in großen Behältern, aus denen man sie sich in seine mitgebrachten Boxen und Gläser umfüllt. Einwegverpackungen werden so überflüssig. Auf einer Fahrt in den Norden legen wir bei ihr neugierig einen Zwischenstopp ein – leider so spontan, dass wir nichts zum Abfüllen dabei haben. Ich bin trotzdem begeistert und die Bio-Melone ist zum Glück von Natur aus gut verpackt und schmeckt köstlich. Die Unverpackt-Idee ist gut. Aber sie nur gut zu finden, wird diese Läden nicht über Wasser halten. Sie brauchen Kunden, die bereit sind, den Extraaufwand in Kauf zu nehmen, alles selbst abzufüllen und einzupacken und auf geschätzte Markenprodukte zu verzichten. Theoretische Zustimmung und Begeisterung für den kreativen und mutigen Einsatz der Ladengründerinnen hilft ihnen nicht. Sie brauchen Mitstreiter, die ihre Überzeugungen mittragen und umsetzen. Deshalb fiel es mir nicht schwer, Florian Giese und Anna Roschlaub zu unterstützen. Mit ihrem Laden „Onkel Emma" wagen sie sich gerade an ein ähnliches Konzept in meinem Stadtteil. Über die Crowdfunding-Plattform Startnext sammelten sie letzte Woche Finanzen für ihre Ladeneinrichtung. 181 Unterstützer und ich haben ihnen quasi Geld vorgeschossen. Dafür habe ich einen Einkaufsgutschein bekommen, den ich im nächsten Frühjahr glücklich bei ihnen einlösen werde.

Zu den Überzeugten gehört auch Henning Beeken, der seine Rinder und Schweine ökologisch aufzieht und direkt auf seinem Hof wenige Kilometer von uns entfernt vermarktet. Oder Jörg Johannsen, der in meinem Stadtteil zwei Buchläden führt und sich wie viele Inhaber kleiner Läden für seine Umgebung und die Menschen auf eine Weise engagiert, wie es Amazon & Co. nicht tun. Oder meine Freundin Susanne Kröger, die in ihrem Hofcafé Kaffeetied mit ökologisch erzeugten Produkten backt, auch wenn das teurer ist. Als faire Konsumentin stehe ich nicht allein auf einsamem Posten, sondern werfe mein kleines Engagement in den großen Pool der vielen Aktivisten: Strateginnen bei Greenpeace, Aufklärern bei Foodwatch, Organisationen wie der Micha-Initiative oder auch gut gewillten Unternehmerinnen und mutigen Entrepreneurs. Sie alle brauchen Menschen, die sich interessieren, und ich brauche sie, damit ich an gute Produkte, Einkaufsmöglichkeiten und zuverlässige und unabhängige Informationen komme, die nicht von den Firmen beauftragt und erkauft sind. Solche Leute bündeln Kräfte, bringen Menschen zusammen und Themen aufs Tablett. Fairer Konsum ist eine kleine, aber handfeste Tat für Menschen, die nicht am Nordpol kämpfen können oder in die Politik wollen. Jeder tut seinen Teil, dieser ist meiner. Klein und nichtig, wenn ich allein bleibe.

Denn wenn niemand wissen will, wie Kaffeebauern und Arbeiterinnen leben,
wenn niemanden interessiert, ob Kinder in Indien die Steine unseres Dorfplatzes schlagen,
wenn niemand bereit ist, mehr Geld für Bio-Fleisch und faire Jeans zu zahlen,
wenn niemand mehr beim Buchhändler um die Ecke kauft,
wenn niemand aufhört, Geld in Waffenfabriken zu investieren,
dann arbeiten all die Aufklärerinnen, Aktivisten, sozialaktiven Politiker und Unternehmerinnen, die etwas zum Guten verändern wollen, umsonst.

Kürzlich stolperte ich wieder einmal über diese etwas hilflose Beteuerung, bewusster zu konsumieren, bedeute keinen Verzicht. In meinen Ohren klingt das seltsam. Ich merke, dass ich in ganz anderen Kategorien denke. Ein bewusster Lebensstil gehört zu dem guten Leben, das ich mir wünsche. Ein Leben aus Freiheit, ein einfaches, erdverbundenes, menschenfreundliches Leben in Schönheit und Großzügigkeit. Dieser Wunsch treibt mich an, er steckt in mir und ich glaube, dass Gott sich seine Welt und unser Leben so gedacht hat. Aber zu jedem Weg, den ich gehe, zu jeder Sehnsucht, der ich folge, zu jeder Entscheidung, die ich treffe, gehört auch, etwas aufzugeben. Immer. Die Frage ist nicht, ob ich auf etwas verzichte, sondern worauf. Wer dem Auto immer den Vorrang gibt, weil für ihn Zugfahren der Verzicht auf die individuelle Zeitplanung bedeutet, muss damit leben, dass überall Autos fahren und parken und ihre Abgase in die Luft blasen. Und verzichtet damit auf freien Platz zum Spielen und Erholen, auf sichere Radwege, auf saubere Luft und häufigere Zugverbindungen. Weil wir im Westen 60 Kilo Fleisch und Wurst im Jahr essen, verzichten wir auf unbelastete Böden und sauberes Grundwasser und bald ziemlich sicher auf die Wirksamkeit von Antibiotika, weil durch den übermäßigen Einsatz in der Massentierhaltung die Keime resistenter werden.

Wir verzichten schon lange. Wir haben es oft nur vergessen. Weil wir es nicht anders kennen. Vielleicht ist das sogar der Punkt: Wir verzichten auf viel zu viel – oder demnächst unsere Kinder –, und dagegen möchte ich etwas tun. Im Vergleich zu früher verzichte ich inzwischen darauf, eilig in den Discounter springen und gedankenlos die abgepackte Industrieware in meinen Wagen werfen zu können. Stattdessen mache ich häufiger einen Abstecher zum Metzger und nehme mir hin und wieder Zeit, schön über den Markt zu bummeln und im Weltladen einzukaufen. Was sich nicht nach Verzicht anfühlt, sondern mich eher an den Kleinen Prinzen erinnert, dem die durststillenden Pillen suspekt waren: „Wenn ich Zeit hätte, würde ich ganz gemächlich zu einem Brunnen laufen." Eben.

Darum habe ich die Kapitel in diesem Buch nach den Sehnsüchten benannt, die mich voranziehen und anspornen. Am Anfang erzähle ich von der dreibeinigen Katze unserer Freunde und weshalb es mir so wichtig ist, frei zu denken. In den Kapiteln danach wird's konkret: Es geht um die Frage nach Fisch und Fleisch, um Bio-Äpfel und faire Bananen, um frische Kaffeekirschen und gehäkelte Schildkröten in Pakistan, um Kreuzfahrtschiffe und Flüge nach Zürich, um meine Niederlagen in Sachen Großzügigkeit und um die Frage nach den großen Konzernen und den kleinen Geschäften.

Ich erzähle in diesem Buch von mir, weil ich selbst gerne lese, was andere nicht nur denken, sondern tun. Ich erzähle nicht, weil ich mich für ein besonders leuchtendes Vorbild halte. Jedes ethische Handeln ist angreifbar, das ist mir bewusst. Ich werde nie genug tun, werde immer an irgendeiner Stelle inkonsequent sein, werde manche Zusammenhänge nicht kennen oder falsch interpretieren. So sei es. Ich geh dann trotzdem mal los.

02
FREI

Eine dreibeinige Katze und ein Inder in England

„Ich bin nur ein einzelner Mensch.
Aber ich bin ein einzelner Mensch.
Ich schaffe nicht alles, aber immerhin etwas.
Und nur, weil ich nicht alles auf einmal tun kann,
werde ich es nicht unterlassen,
wenigstens das Wenige zu tun, das ich kann."
Helen Keller

„Die Freiheit, die Gott schenkt, ist,
dass wir frei für das Wesentliche werden."
Helmut Thielicke

Ein Jahrzehnt meines Lebens habe ich im Ruhrgebiet verbracht. In Essen. Wir wohnten damals in einer Dachgeschosswohnung mit charmantem Ausblick auf einen ruhrpotttypisch verwilderten Hinterhof. Als eine Wohnung im Mietshaus neben uns frei wurde, suchten gerade Freunde eine neue Bleibe und zogen ein. Unsere Balkons lagen direkt nebeneinander, dazwischen eine 50 Zentimeter breite Kluft, in der es geschätzte zehn Meter in die Tiefe ging. Wenn das Ei fehlte oder wir Klappstühle für unsere Hauskirche brauchten, wurden sie einfach rübergereicht. Mit einem Schwung über den Abgrund hätten wir uns so auch ersparen können, unsere Kinder vier Stockwerke runterzuschleppen und im Haus unserer Freunde wieder hoch, wenn wir sie besuchen wollten, aber das haben wir uns verkniffen. Wir haben immer von einer Seilwinde geträumt, die Wasserkisten und am liebsten auch das Klavier nach oben transportiert, aber dazu ist es nie gekommen und am Ende haben wir doch immer alles selbst geschleppt (inklusive der Kinder – immer!).

Unsere Freunde brachten nicht nur ihre Klappstühle und das Klavier mit, sondern auch zwei Katzen, von denen eine den Namen April trug, weil jemand in eben jenem Monat ihre rollige Mutter versehentlich in den Garten zu den streunenden Katern gelassen hatte. Die andere Katzendame hieß Emma. Emma durfte raus auf den Balkon – in der Annahme, sie käme ohnehin nicht aufs Dach. Aber eines Tages schaffte sie es doch – und blieb verschwunden. Sie lag weder zehn Meter in der Tiefe noch wartete sie auf unserem Balkon, es fehlte jede Spur. Auch zum Abendessen und am nächsten Morgen blieb ihre Rückkehr aus. Unsere Freunde fragten in der Nachbarschaft herum und schließlich bewahrheitete sich die größte Befürchtung: Emma war übers Dach spaziert – und abgestürzt. Weil die Finder keinen Besitzer ermitteln konnten, obwohl sie in der Nachbarschaft herumfragten, brachten sie die Katze ins Tierheim. Jetzt sei sie aber in der Klinik, erfuhren unsere entsetzten Freunde. Denn sie habe sich beim Sturz vom Dach ein Bein gebrochen und das habe man nun amputieren müssen. Wenn unsere Freunde ihre nun dreibeinige Katze abholen wollten, müssten sie für die Operationskosten von 500 Euro aufkommen. Was unsere Freunde natürlich taten. Eine Katze gehört zur Familie.

Kontrastprogramm

Szenenwechsel. Mit sechs Freunden landen wir in der indischen Hauptstadt Neu-Delhi. Aus Neugier und Reiselust und mit der vagen Ahnung, dass unsere Spiritualität auch etwas mit Gottes weniger privilegierten Kindern zu tun haben muss. Wir besuchen ein Team von Missionaren, von denen wir über ein paar Ecken gehört haben, treffen Kinder, die barfüßig auf der Straße sitzen und aus Kuhdung Brennmaterial herstellen, besuchen eine Schule im Slum, die aus nicht mehr als Mauern und einem Wellblech besteht, und übernachten vor den Toren der Stadt in einem Hospiz für Tbc-Kranke, die von Verwandten an den Straßenrand gesetzt wurden.

Unsere Gastgeber haben organisiert, dass wir für ein paar Nächte bei indischen Familien wohnen dürfen. Eine ältere, freundliche Dame nimmt den Gatten und mich auf und serviert uns sofort nach guter indischer Sitte dampfenden Chai – Tee mit Milch und vielen Gewürzen. Nach dem Abendessen erklärt sie uns ihren Altar aus Dutzenden hinduistischen Götterfiguren. Leider revoltieren in der Nacht unsere Mägen gegen das Essen und wir verbringen Stunden über dem Stehklo, das nicht mehr ist als ein Loch im Fußboden. Niemals sonst habe ich Toilettenpapier so sehr vermisst wie in jener Nacht.

Als die Dame am nächsten Morgen von unserem Ergehen hört, gerät sie in Panik, weil wenige Tage zuvor ein Junge aus der Nachbarschaft an Denguefieber gestorben ist – und dass dieses Schicksal in ihrem Haus auch die zwei blassen Europäer ereilt, dafür möchte sie nicht verantwortlich sein. Damit ist unser Aufenthalt bei ihr noch vor der zweiten Tasse Chai beendet.

Am Abend zuvor hatten wir allerdings noch Gelegenheit, uns mit ihrem Sohn zu unterhalten, der damals Ende 20 war, sehr sympathisch und zudem ein höchst kluger Kopf: Normalerweise arbeitet er als Dozent in England und ist nur zu Besuch bei seiner Mutter. Von all den merkwürdigen Dingen, die ihm im Westen begegnet sind, erzählt er uns eines mit besonderer Fassungslosigkeit: Es gebe in Großbritannien wirklich und tatsächlich Krankenwagen für Tiere! Kranke Hunde und Katzen würden allen

Ernstes in eine Klinik transportiert! Für jemanden, der aus einem Land stammt, in dem ein Kind einfach so am Denguefieber stirbt und Tbc-Kranke von ihren Angehörigen an den Straßenrand gesetzt werden, ist das ein Hohn und eine Verzerrung aller Werte. Kühe genießen hier auch mitten in der Millionenstadt an jeder Straßenecke heiliges Aufenthaltsrecht. Aber das ist etwas anderes – und auf die Idee, sie ins Krankenhaus zu bringen, käme hier bei aller Unantastbarkeit trotzdem niemand.

Und so stellt sich eine Reihe von Fragen: Ist es moralisch in Ordnung, Tiere mit modernster Medizin zu versorgen, während in Indien alle halbe Stunde eine Frau vergewaltigt wird und in vielen Fällen keinerlei medizinische Hilfe erhält? Darf man eine Katze für 500 Euro operieren, während in Indien jedes Jahr 1,7 Millionen Kinder an Hunger sterben und vom selben Geld dort 20 Familien eine Woche lang leben, Dutzende Kinder mit Denguefieber oder Tbc behandelt werden könnten?

Schwierige Fragen

Ich verstehe unsere Freunde nur zu gut, denn natürlich lässt man Familienmitglieder nicht in der Tierklinik sitzen, wenn sie vom Dach fallen und sich das Bein brechen. Ob ich das allerdings überzeugend unserem indischen Bekannten erklären könnte, weiß ich nicht. Diese beiden Erlebnisse zusammen haben jedenfalls mein Bewusstsein geschärft. Denn natürlich geht's dabei nicht um die Halter dreibeiniger Katzen, sondern um mich selbst und darum, wofür ich in dieser großen Welt und mitten in unserem heutigen Wertesystem mein Geld ausgebe – und wofür nicht mehr. Es geht um meinen Konsum. Um meinen Lebensstil. Um die Frage nach dem Guten in einer komplizierten, komplexen und selten eindeutigen Welt.

Wie absurd müssen manche meiner Anschaffungen auf Menschen anderer Kulturen wirken? Einen Schritt zurückzutreten und mein Shoppingverhalten mit den Augen einer Kenianerin oder eines Pakistani zu sehen, fördert manche Unverhältnismäßigkeit zutage. Auch den, welchen Stellenwert der Konsum bei uns hat, wie viel Raum er in unserem Lebensstil einnimmt. Ob mir das gefällt oder nicht.

Die Frage, wie ich leben will, gehört zu meinen Lieblingsfragen, weil sie das Zeug hat, meine inneren, kreativen Kräfte zu aktivieren. Sie ist spannend, weil sie nach vorne gerichtet ist und weil sie mir klarmacht, dass ich frei bin: frei, Entscheidungen zu treffen. Ich kann mir bewusst Werte und Ziele auswählen, bin nicht verpflichtet, im Mainstream zu schwimmen, muss mich nicht mitreißen lassen, sondern kann gestalten, anpacken. Frei und freiwillig. Das ist mir wichtig. Ich will unabhängig denken.

Und das gilt trotz unserer finanziellen Grenzen. Ich kann so viel mehr entscheiden, als ich manchmal auf den ersten Blick glaube. Denn bewusst zu leben, kostet nicht immer mehr. Bibliotheken sind kostenlos und sparen Rohstoffe, das Fahrrad kostet keinen Sprit, Secondhand-Shirts sind billiger als neue. Da bleibt das Geld übrig für einen Einkauf im Hofladen.

Mehr als ein Trend

Kein Szenecafé, das nicht auch fairtrade Caffè Latte mit Biomilch führt, kein Bäcker ohne Bio-Dinkel-Vollkornangebot. Bio hat in den letzten Jahren einen kleinen Boom erlebt. Und ich freue mich, wenn bio-faires Leben angesagt ist, und erst recht, dass Bio nicht mehr Jutebeutel und Latzhose bedeutet, sondern dass schöne Bio-Verpackungen im Laden stehen, die den Ökokonsum zuweilen wahlweise gar zu Kunst, Avantgarde oder Luxus erheben.

Andererseits geht jeder Trend zu Ende. Coldplay-Sänger Chris Martin tritt nicht mehr mit dem Gleichheitszeichen auf der Hand auf, das er eine Weile bei Konzerten fett in Schwarz auf der Hand trug und das für die internationale Organisation „Make Trade Fair" stand. Statt Büchern wie „Tu was!" oder „Welt retten für Einsteiger" erscheinen jetzt Titel wie „Ökofimmel", „Die Grüne Lüge" und „Öko-Nihilismus", die sich kritisch mit unserem ökologischen Bewusstsein auseinandersetzen. Und sie haben natürlich an vielen Stellen recht. Wir sparen mittlerweile so eifrig Wasser, dass die Stadtwerke die Rohre spülen und teure Chemikalien hinterherkippen, weil sonst zu wenig durch die Kanalisation fließt. Hierzulande nützt es der Umwelt viel mehr, wenn das eigene Abwasser nicht stärker verdreckt und erhitzt wird als nötig, als dass wir jeden Tropfen zählen, den wir verbrauchen. Nicht alles, was wir im guten Glauben tun, hilft der Natur wirklich. Aber mich nervt, dass solche Bücher und Statements so manchem gleich als bequeme Ausrede dienen, sich lieber gar nicht erst Gedanken zu machen und weiterzuleben wie bisher. Und ich fürchte, dass mancher, der gestern noch fairen Kaffee schick fand, sich morgen über irgendetwas anderes definiert. Kritischer Konsum ist jedoch zu wichtig, als dass er vom nächsten Lifestyletrend abgelöst werden darf, finde ich.

Genauso nervt mich allerdings auch manchmal die andere Seite, wenn der Bio-Lifestyle quasi religiöse Züge annimmt – mit festen Maximen, Heilsversprechen und Ächtungen für Fehltritte. Auf einem grünen Leben ruhen mitunter eine Menge Hoffnungen; wer fair trade kauft und Fahrrad fährt, scheint damit manchmal einen inneren Sinn zu verbinden, von dem ich mich frage, ob er nicht aufgeblasen ist. Unseren Planeten aufzuräumen, ist richtig – aber sind der Eifer, die Sinnsuche darin immer angemessen und die Verbissenheit, mit der sich manche daran klammern? Vegane Ernährung, Autoverzicht, Bio-Gemüse gehören dann zu den festen Geboten. Wer Fleisch isst oder bei H&M kauft, kann kein guter Mensch sein ...

Da gehen bei mir schnell alle Klappen zu. Mir geht's drum, meine Freiheit zu nutzen, nachzudenken, persönlich was zu verändern – und nicht political correct gängige Trends zu bedienen. Das Bekenntnis des ehemaligen Grünen-Politikers Rezzo Schlauch, der zugab, seinen Müll nicht zu trennen, fand ich da direkt erleichternd. (Wobei ich selbst zu den treuen Seelen gehöre, die glücklich fünf verschiedene Mülltonnen bestücken und am liebsten noch den Teebeutel samt Etikett in Bio, Papier und Metalle zerpflücken – was ich nur ganz selten tue, wirklich.) Freiheit ist ein großes Thema in der Bibel. Das ist die Haltung, aus der heraus ich handeln will.

Himmel auf Erden

In einem Interview sprach der frühere amerikanische Pastor Bill Hybels den U2-Frontmann Bono auf seinen Lieblingsvers an, den wirklich tollen Satz aus dem Vaterunser: „Dein Reich komme wie im Himmel so auf Erden." Bono sagte dazu: „Viele Leute geben sich zufrieden mit einem schönen Leben nach dem Tod, aber ich glaube nicht, dass das unser Ziel ist. Wir sollen im Kleinen wie im Großen den Himmel auf die Erde bringen, in jedem Winkel unseres Lebens sollen wir versuchen, den Himmel auf die Erde zu holen. Wir sollen nicht im Frieden mit der Welt leben, denn die Welt ist für die meisten Menschen dieser Erde kein schöner Ort."[2]

Wohlgemerkt: Davon, den Himmel auf die Erde zu bringen, redet Jesus im zentralen Gebet der Bibel! „Bewahrung der Schöpfung" ist ein so abgestandenes Schlagwort aus friedensbewegten Zeiten, dass es mich sanft zum Gähnen bringt und mir nicht mehr viel bedeutet. Aber es liegt tatsächlich keine zweite Erde auf dem Dachboden – und auch wenn Gott eines Tages doch eine neue samt Himmel zur Verfügung stellt (wie in der Bibel in Jesaja 65,17 angekündigt), möchte ich nicht die Schuld daran tragen, dass meine Urenkel vorher auf der alten im Gift waten, unter Klimafluten leiden oder die letzten Tierarten betrauern mussten. Dreck zu hinterlassen, gehört sich einfach nicht. Darum will ich mit für unsere Erde sorgen. Dass wir Christen da bisher nicht engagierter bei der Sache waren, liegt vielleicht auch an einem Übersetzungsproblem.

Im ersten Buch der Bibel steht: „Und Gott sprach: Lasset uns Menschen machen, ein Bild, das uns gleich sei, die da herrschen über die Fische im Meer und über die Vögel unter dem Himmel und über das Vieh und über alle Tiere des Feldes und über alles Gewürm, das auf Erden kriecht. Und Gott schuf den Menschen … und Gott segnete sie und sprach zu ihnen: Seid fruchtbar und mehret euch und füllet die Erde und machet sie euch untertan und herrschet über die Fische im Meer und über die Vögel unter dem Himmel und über das Vieh und über alles Getier, das auf Erden kriecht" (1. Mose 1,26-28 LUT). Klingt, als könnten wir Menschen der Erde beliebig unseren Willen aufzwingen, als wäre sie unsere willige Sklavin, zur Ausbeutung geschaffen. Was wir auch ausgiebig getan haben.

Angemessener wäre aber vielleicht eine andere Übersetzung des hebräischen Wortes *kabasch*, das Luther mit

„Macht sie euch untertan" übersetzt: „Hegt und pflegt die Erde!", könnte sie lauten. Im jüdischen Denken lagen „herrschen" und „kümmern" eng beieinander. Ein Herrscher war immer auch für diejenigen verantwortlich, die ihm unterstellt waren. Ganz verübeln kann man Luther die Wortwahl nicht, in späteren biblischen Texten kann *kabasch* tatsächlich die Bedeutung von „niedertreten" oder sogar „vergewaltigen" haben. Aber in älteren Texten des Alten Testaments (zu denen die Schöpfungsgeschichte gehört) geht es darum, Land nach der Eroberung zu bebauen und zu gestalten, um sich davon zu ernähren. Ein Gärtner entscheidet nach Gutdünken über Art und Ort seiner Pflanzen, er beschneidet und erntet und pflanzt neu. Aber er sorgt auch für Wasser und Nährstoffe, er gießt und düngt, befreit von Unkraut und Schädlingen. Er herrscht und kümmert sich, er hegt und pflegt.

Ähnliches gilt übrigens für das andere Verb hier: Das hebräische Wort, das mit „herrschen" oder „regieren" übersetzt wird, erinnert an Formulierungen in den Psalmen, in denen der Gedanke des Hütens steckt. Also eher Hirte und Herde als Herrscher und Untertan. Das wiederum passt dann sehr gut zu einer Formulierung im nächsten Kapitel der Bibel, in dem Gott den Menschen einen Platz im Garten Eden gibt, damit „er ihn bebaute und bewahrte" (1. Mose 2,15 LUT). Das ist fast wie in der Geschichte von Jesus im Neuen Testament, in der ein Chef seinen Angestellten Geldsummen gibt, die sie verwalten sollen – je kreativer und aktiver sie damit umgehen, desto besser

(Matthäus 25,14-30). Insofern war die Wortwahl „untertan machen" nicht sehr glücklich und hat Christen nicht besonders dazu angespornt, für den Umweltschutz in die Bresche zu springen.

Adam und Eva waren Forscher, Gärtner und Gestalter. Wir sind als Gottes Ebenbilder angelegt, was sich auch an unserer Kreativität und Gestaltungskraft zeigt und uns eine Aufgabe zuweist: Wir sind dafür geschaffen, etwas zu erschaffen. Gott hat sich uns als schöpferische, schaffenskräftige Wesen gedacht. „Fruchtbar" zu sein, meint einerseits die Fortpflanzung, andererseits aber auch das Gestalten der Erde, unseres Lebensraums, unserer Umwelt. Wir arbeiten mit dem, was Gott geschaffen hat, und formen es weiter. Wenn wir produktiv sind, schöpferisch arbeiten, reflektieren wir Gottes Wesen. Wenn wir aufräumen oder Unkraut zupfen, wenn wir etwas reparieren, fertigstellen, wenn wir einen Bericht schreiben, ein Bild malen oder etwas entwickeln – beteiligen wir uns an Gottes Werk, Schönheit aus dem Chaos hervorzubringen. Er hat uns seine Schöpfung anvertraut, damit wir ihre Schönheit bewahren, ihre Fruchtbarkeit erhalten.

Wenn ich morgens unter der heißen Dusche stehe oder abends in warme Decken gewickelt von meinem Sofa aus in den Hamburger Regen starre, werde ich dankbar, dass ich in Westeuropa lebe, wo warmes fließendes Wasser zuverlässig aus der Leitung und Wärme aus der Heizung kommt. Und diese Dankbarkeit macht mich frei dazu, etwas zurückzugeben. Macht mich frei, dazu beizutragen, dass es anderen ebenso ergeht, dass die Schönheit das Chaos besiegt. Und dazu gehört für mich die Frage: Wie will ich leben, wie kann ich leben, damit die Schönheit das Tohuwabohu besiegt?

Ich mag den Ausspruch: „Wohlstand ist keine Sünde. Nicht zu teilen schon." Ich brauche kein schlechtes Gewissen zu haben, dass ich in unserem Land leben darf und es mir gut geht – was viele andere nicht von sich sagen können. Gott gibt gern. Sein Schalom, das hebräische Verständnis von Gottes Frieden, umfasst nicht nur die Freiheit vom Krieg, sondern ein in allen Bereichen mit Gutem gefülltes Leben. Aber das Gute ist nicht für mich alleine da. Und es ist nicht mehr gut, wenn ich mein Leben nicht so einrichte, dass es auch anderen dient. Letztlich ist mein Ansporn die Dankbarkeit. Weil ich mich freue, viel zu haben, bin ich frei zu teilen. Weil ich mir meine Freude nicht durch unwürdige Arbeits- und Lebensbedingungen anderer erkaufen will, frage ich nach besseren Wegen, um das zu kaufen, was ich brauche. Weil ich dankbar bin, suche ich nach Alternativen in meinem Konsum.

Grenzen

Doch für die Alternativen gibt es Grenzen. Ich habe nicht alle Freiheit zu entscheiden, wie ich leben will:
Ich habe finanzielle Grenzen und kann meine Großeinkäufe nicht allesamt im Bioladen erledigen und meine Kleidung nicht ausschließlich bei kleinen grünen Labels kaufen, wie ich das vielleicht schön fände.

Ich habe zeitliche Grenzen: Ich kann nicht wöchentlich sieben verschiedene Läden und den Wochenmarkt mit dem Fahrrad abklappern, um alles, was auf der Liste steht, fair und ökologisch korrekt zu besorgen.

Ich habe persönliche Grenzen: Mein innerer Schweinehund mag nicht jeden Tag mit Kind im Anhänger 14 Kilometer Fahrrad fahren, obwohl andere das bei Wind und Wetter tun und ich sie sehr dafür bewundere.

Und ich habe Wissensgrenzen. Viele Themen rund um bio-faire Produkte sind komplex, manche Informationen sind widersprüchlich, andere sind schwer zu bekommen. Manches muss ich kaufen, obwohl es nicht so fair ist, wie ich mir das wünsche. Mancher Aussage muss ich trauen, obwohl eine Ahnung mir sagt, dass es auch ganz anders sein könnte.

Aber bei all diesen Grenzen bleibt genug Freiheit übrig, um mir die spannende Frage zu stellen, wie ich leben will. Die Freiheit, die ich habe, die will ich sehen und suchen und füllen. Sie ist mein Spielraum, in dem ich gestalte, nach vorne schaue, mir aussuche, was ich in meinem kleinen Alltag umsetzen und anpacken will. Ein Zitat ist dabei so etwas wie ein Motto für mich geworden (und hat sich auch bewährt, obwohl Punkt eins noch nicht überzeugend gelöst ist ...): „Verdiene viel, verbrauche wenig, teile gern, gib großzügig und feiere das Leben."[3]

03
EINFACH

Dem Konsum ein Schnippchen schlagen

„Reich ist man nicht durch das, was man besitzt, sondern vielmehr durch das, was man mit Würde zu entbehren weiß."
Immanuel Kant

„Wenn wir zu essen haben und uns kleiden können, sollen wir zufrieden sein."
1. Timotheus 6,8 HFA

Mein Freund Marcus hat angefangen, seinen eigenen Kaffee zu rösten. Klar gibt es jede Menge großartigen gerösteten Kaffee. „Aber es hat was, die eigene Kaffeemischung herzustellen und zu wissen, dass ich mich dafür selbst ins Zeug gelegt habe", sagt er. „Und der Geschmack von frisch geröstetem Kaffee ist so unglaublich viel besser als jeder Kaffee aus dem Supermarkt."

Auch in einer Kaffeehandelsstadt wie Hamburg ist es gar nicht so leicht, ungeröstete, also grüne Kaffeebohnen zu finden – zumindest in kleineren Mengen als den 50-Kilo-Säcken, in denen sie normalerweise gehandelt werden. Zumal man zu Beginn nicht mit nur einer Sorte, sondern mit verschiedenen Bohnen unterschiedlicher Herkunft experimentieren will, um die optimale Mischung zu finden. Über eine Freundin, deren Firma Kontakte zu Kaffeehändlern hat, kam er schließlich doch an die Bohnen, eine Popcornmaschine diente als erster Röster. Seither feilt er am „Perfect Blend".

Eine alte Freundin schenkte mir beim Wiedersehen nicht nur eine selbstgemachte Haarspange, sondern zeigte uns auf ihrem Smartphone auch hippe Röcke und Hoodies, die sie gemeinsam mit einer Freundin näht und auf Kunstmärkten verkauft.

Wohin man blickt, alle machen plötzlich irgendetwas selbst. Ich auch. Ich habe schon Holunderblütensirup, Brombeermarmelade und Kompott aus Kirschen aus dem eigenen Garten gekocht, habe zu Weihnachten selbstgemachten Vanilleextrakt und selbst gerührte Schokocreme verschenkt und Brot gebacken (das meine Familie allerdings naserümpfend verschmähte).

Wir wollen wieder selbst ran

Ich glaube, der Trend zum Selbermachen hat gute Gründe. Wahrscheinlich haben wir zu einem gewissen Grad schlicht die Nase voll von Industrieware, von der anonymen Massenkultur, von Sachen, die einfach im Regal stehen und Hauptsache billig sind. Wir wünschen uns wieder einen Bezug zu den Dingen, der sich viel stärker einstellt, wenn man Kartoffeln mit den eigenen Händen ausgräbt und die Socken selbst strickt. Vielleicht haben wir auch kapiert, dass unsere Schränke nicht endlos Platz bieten, und wollen lieber schöne als viele Dinge. Manchmal ist Selbermachen sogar billiger, sieht man von der Arbeitszeit einmal ab. Meine Brombeeren wachsen in der Wildnis, irgendwo am Waldweg und neben Bahnschienen. Gesünder ist es häufig auch, immerhin haben die Äpfel im Garten meiner Schwiegermutter und die Holunderblüten am Waldweg noch nie ein Pestizid gesehen. Oft ist Do-it-yourself umweltfreundlicher, weil die Lieferkette wegfällt.

Und im besten Fall bringt Selbermachen auch noch Menschen zusammen, zum Beispiel wenn alte Damen jungen Studierenden das Häkeln beibringen oder Freundinnen gemeinsam für den Kreativbasar nähen.

Eine Freundin lud mich und andere zur Pinterest-Party ein: Viele surfen häufig stundenlang auf der Pinterest-Webseite, auf der die Nutzerinnen ihre schönsten Bild-Fundstücke aus dem Netz an digitale Pinnwände heften, wo andere User sie ebenfalls sehen und sich inspirieren lassen können. Weil aber alle viel zu selten dazu kommen, von all den schönen Ideen und Anleitungen auch mal etwas umzusetzen, haben wir Material besorgt und endlich geklebt, gewerkelt und gezeichnet. (Meine Ergebnisse waren offen gestanden recht bescheiden. Aber ich habe mich ausnehmend gut unterhalten!)

Selbermachen bedeutet für mich auch, dem Konsum eine Absage zu erteilen. Geflickte Kleidung (so selten ich dafür auch Zeit finde ...) trage ich anschließend weiter, statt neue kaufen zu müssen. Für unsere Garderobe brauchte der beste Gatte nur Äste aus dem Wald, ein Brett und weiße Farbe – und ich bekam mein allerliebstes Weihnachtsgeschenk. Und für unsere Wohnzimmerlampen haben wir alte Schätzchen günstig ersteigert und weiß angesprüht.

Konsumverzicht kann Spaß machen, weil Kreativität erfüllender ist als das Zücken der EC-Karte. In „Einfach ein gutes Leben" beschreibt Peter Plöger die Unzufriedenheit über unseren Lebensstil: arbeiten, Geld verdienen, konsumieren, Standard halten, noch mehr arbeiten, um noch mehr zu konsumieren, um sich für das Arbeiten zu belohnen. Zu einem guten Leben gehöre auch, „etwas selber zu machen, kreativ zu sein, die Stadt, in der man lebt, mitzugestalten, sich zu engagieren, sich einzubringen und mit anderen zu verbinden"⁴. Und es gibt viele, die schon angefangen haben. Der Berliner Bo Le-Mentzel etwa entwirft „Hartz IV-Möbel" und gibt über seinen Blog hartzivmoebel.blogspot.de die Baupläne kostenfrei ab. Für das Buch dazu sammelte er vom Rentner bis zur Fotografin die unterschiedlichsten Menschen um sich. „Uns verbindet der Glaube daran, dass die Welt ein Stück weit besser ist, wenn wir mehr konstruieren statt konsumieren", sagt er.⁵

Leihen statt haben

Seit einiger Zeit macht das Schlagwort der „Sharing Economy" die Runde, mit dem Firmen und Projekte beschrieben werden, bei denen eine gemeinschaftliche Nutzung von Gütern im Mittelpunkt steht. Der amerikanische Wirtschaftswissenschaftler Jeremy Rifkin prophezeite zur Jahrtausendwende, wichtiger als etwas zu besitzen, werde es sein, Zugriff auf Produkte, Dienstleistungen und Ideen zu haben: „Im Internet-Zeitalter ist es nicht mehr wichtig, Eigentum zu besitzen. Etwas zu leihen, wird die moderne Lösung sein. Statt ein Auto zu kaufen, erwirbt sich der künftige Kunde Zugang zum kulturellen Erlebnis, ein Auto zu fahren."⁶

Nutzen statt besitzen heißt die Devise. Ganz neu ist sie nicht – Busse, Büchereien und Carsharing gibt es schon lange. Als die Kinder klein war waren, betrieb in unserer Nähe ein engagiertes Team Ehrenamtlicher seit

Jahrzehnten eine Spieliothek in unserem Ort: Im ersten Stock lockte eine stattliche Modelleisenbahn kleine und nicht mehr ganz so kleine Zugfans und im Erdgeschoss warteten regaleweise Brettspiele auf ihre Ausleiher. Wir konnten die Spiele ausgiebig testen und nach ein paar Wochen gegen neue tauschen. Für uns als spielebegeisterte Familie war das ein Idealfall. Leider musste das Team die Segel streichen, weil der Nachwuchs fehlte und die Stadt kein geeignetes neues Haus fand, als das alte abgerissen wurde. Glücklicherweise hat die Stadtbücherei inzwischen aufgerüstet und die Sprösslinge kommen von dort mit Spielestapeln, Hörspielen, Comics und, ja, auch Büchern zurück. Man muss nicht alles selbst besitzen, davon sind sie schon jetzt überzeugt. Und was die Bücherei nicht hat, finden wir manchmal im Kulturantiquariat ganz in der Nähe. Umgekehrt konnten wir dort ein Dutzend Puzzles wieder verkaufen, für die unsere Kinder zu groß waren.

Jünger sind Projekte wie die „Kleiderei" in Köln, wo man schöne Kleidung leihen kann (kleiderei.com), und „Leila" in Berlin-Prenzlauer Berg, wo jeder, der selbst etwas zum Verleihen vorbeibringt, die Werkzeuge, Umzugskartons, Raclettegrills und Spielzeug auf Zeit bekommt, die er gerade braucht (leila-berlin.de). „Entrümpelt euch!", lautet einer der Wahlsprüche. Einleuchtend, wenn man bedenkt, wie viel von unserem Kram 99 Prozent der Zeit bloß im Schrank oder Schuppen rumliegt, nur um einmal im Jahr gesucht und genutzt zu werden. Um Besitz muss man sich kümmern, ihn pflegen, reparieren, putzen oder zumindest irgendwo verstauen. Wer weniger besitzt, hat von alldem weniger zu tun. Verlockend. Selbst wenn die Leiherei zuweilen auch skurrile Blüten treibt: Im Café Neko in Wien können sich Tierfreunde Katzen borgen und nach Herzenslust kraulen.

Aus vielen privaten Initiativen wurden mittlerweile renditeorientierte Geschäftsmodelle. Mit der Website Couchsurfing.org beispielsweise traten Ehrenamtliche an, um Schlafplätze in aller Welt zu vermitteln. Wer bereit war, vorübergehend den eigenen Wohnraum zu teilen und jemanden bei sich zu beherbergen, konnte ebenfalls auf ein Bett hoffen. Inzwischen wurde die Seite mit Risikokapital finanziert und die Investoren verdienen mit. Man traut dem Leihen zumindest teilweise eine profitable Zukunft zu. Denn das Internet macht das Leihen heute leichter als früher und begrenzt den Radius nicht mehr auf das eigene Umfeld.

Weniger ist oft mehr

Wie wir heute konsumieren, ist nicht nachhaltig: Wir verbrauchen mehr natürliche Ressourcen, als nachwachsen können. Tauschen, leihen, borgen ist da nur sinnvoll. Sich beschränken auch. „Der Mensch in den westlichen Industrieländern besitzt im Durchschnitt 10.000 bis 15.000 Dinge. Vermutlich braucht er nicht mehr als 500", sagt der Potsdamer Sozialpsychologe Harald Weitzel, der mit seiner Stiftung Futurzwei Geschichten über Menschen sammelt, die angefangen haben, anders zu leben. In einem Interview mit der Zeitschrift Nido plädierte er dafür, andere Wege als den heutigen Konsum zu finden: Dinge zu teilen, Nachbarschaftshilfe zu initiieren, Gemeinschaftsgärten zu gründen. „Wenn ich darauf nicht reinfalle, auf den Schwindel, dass ich alle halbe Jahre ein neues Smartphone brauche", sagt er, „dann bedeutet es auch keinen Verzicht, nicht das neueste Smartphone zu haben. Das sind ja alles nur gemachte Bedürfnisse, die angeblich befriedigt werden müssen."[7]

Irgendwann fiel mir ein Vers aus der Bibel auf, den ich noch nie aus dem Blickwinkel unseres heutigen Konsums gelesen hatte: „In der Welt regiert das Verlangen nach sofortiger Erfüllung aller Bedürfnisse, die Gier nach allem, worauf unser Blick fällt und die Prahlerei mit dem Besitz – all das kommt nicht vom Vater" (nach 1. Johannes 2,16). Wir hatten es schon geahnt: Bei Gott läuft der Hase anders. Einstellungen wie „Ich will alles und zwar sofort" und „Weil ich viel habe, bin ich viel wert" passen nicht zu Gottes Denken. Nicht nur deshalb beschließe ich, ein kleines Selbstexperiment zu starten: Der Gedanke einer Kaufnix-Woche fasziniert mich schon lange. Außer Lebensmitteln und Benzin ist in dieser Zeit alles tabu. Aber als ich konkret werden will, bin ich ziemlich überrascht, dass das gar nicht so einfach geht: Erst ist das Kontaktlinsenmittel alle und weil ich so selten in der Fußgängerzone bin, kaufe ich gleich noch ein paar andere Dinge, die ich brauche (oder zu brauchen glaube). Dann steht eine Reise an, für die ich noch etwas besorgen muss, die Kinder haben irgendwas verloren, das ersetzt werden muss, und als ich schließlich doch endlich meinen Selbstversuch ansetze, sind zwei Monate vergangen und die Woche verläuft am Ende denkbar unspektakulär: Kaum habe ich angefangen, ist sie auch schon wieder rum und ich habe das Gefühl, alle Käufe einfach in die nächste Woche verschoben zu haben. Als Freiberuflerin, die zu Hause arbeitet, komme ich ohnehin nur selten in die Versuchung, schnell im Vorübergehen irgendwas mitzunehmen. Einzig den kleinen Blumensträußen, die im Sommer an einem Stand an der Landstraße verkauft werden, habe ich diesmal widerstanden. Nun ja.

Vielleicht ist eine Woche dafür einfach zu kurz, vielleicht wäre ein ganzer Monat sinnvoller – aber als Familie gar nicht so einfach umzusetzen. Irgendwas fehlt immer: Socken haben plötzlich Löcher, die Trinkflasche ist im Wald geblieben, ein Kindergeburtstag steht an und damit ein Geschenkekauf. Möglicherweise wäre der Januar ein guter Zeitpunkt. Nach Weihnachten ist der Konsumrausch durch, Anfang des Jahres ist das Leben ruhiger. Als Weg zur bewussten Selbstbeschränkung – ähnlich der von „Sieben Wochen ohne" zur Fastenzeit – finde ich die Idee nämlich nach wie vor nachahmenswert.

Immerhin ein anderes Experiment gegen den Konsum ist geglückt. Als ich meinen letzten runden Geburtstag mit ein paar wenigen guten Freundinnen bei einem sonnigen Urlaubswochenende an der Ostsee verbrachte, erzählte eine von ihnen, ihre Schwester würde Hamburg sehr lieben und hätte Lust, mit ihrer Familie einmal ihren Urlaub in den Norden zu verlegen. Und wir würden schließlich in Hamburg wohnen und ihre Schwester hätte eine schöne Ferienwohnung im Allgäu ... Und so saßen wir sieben Mails, ein paar Telefonate und einen Sommer später als Familie im Auto auf dem Weg aus Hamburg in die Berge. Die besten Insidertipps hatten wir schon vorher per Mail bekommen, ein paar weitere folgten per SMS im Urlaub. Als Flachländer genossen wir die faszinierende Stimmung und Aussicht in den Bergen und die Abfahrt auf den Sommerrodelbahnen. Und Hamburg präsentierte sich im Gegenzug von seiner sonnigsten Seite und wir bekamen begeisterte Nachrichten über Besuche bei U-Booten, Traumschiffen und Modelleisenbahnen aufs Handy. Auch die andere Familie hat zwei Jungs. Da passte sogar die Einrichtung der Kinderzimmer. Netterweise hatten wir nach Urlaubsende noch die Gelegenheit, uns in Hamburg persönlich kennenzulernen, und waren uns ziemlich einig, dass es für alle Seiten eine lohnenswerte Sache war. Wir haben schätzungsweise 1000 Euro für die Unterkunft gespart und hatten noch dazu Haussitter während des Urlaubs und eine höchst sympathische Begegnung am Ende. Ich freue mich. Auch so kann es also sein, wenn man teilt und weniger verbraucht und anders lebt.

Eine Freundin macht seit einigen Jahren gute Erfahrungen mit der Wohnungstauschbörse Homelink. Sie schwärmt jedes Jahr von ihren Besuchen in Freiburg und Berlin, im

Harz und in Andalusien und nimmt es so gelassen wie möglich, dass sie manchmal erst die Wohnung fegen und Spielzeuge neu sortieren muss, wenn sie zurückkommt. Dafür wird Katze Pünktchen vom Besuch mit versorgt und umgekehrt dürfen sie als Familie am Urlaubsort oft das Auto mitbenutzen.

Finanziell lohnt sich die Sache fast immer, was die Umwelt betrifft, muss man allerdings genauer hingucken. Schläft man in privaten Betten, die sonst leer stünden, ist das tatsächlich umweltfreundlicher als eine Nacht im Hotel. Wird eine Wohnung – vor allem in beliebten Städten – aber über eine Internetplattform dauerhaft an Urlauber vermietet, hat die Umwelt keinen Vorteil, sondern der Wohnraum wird nur knapper.

Ich möchte, dass mein Leben einfacher wird. Will unabhängiger vom Konsum sein, mich mit weniger begnügen, mir gut überlegen, was ich wirklich haben muss und ob es neben dem üblichen Selber-und-neu-Kaufen andere Wege gibt. Dazu gehört es zu schauen, ob ich Dinge gebraucht bekommen kann. Letztes Jahr suchte ich ein Fahrrad. Mein letztes, ein schönes Rennrad mit weißem Sattel, hatte ich vor ziemlich genau 20 Jahren gebraucht in einem Fahrradladen erstanden, und da ohnehin schon der Zahn der Zeit an ihm nagte, hatte ihm der letzte Umzug den Rest gegeben. In Hamburg aber braucht man ein Fahrrad, keine Frage. Ich musste an all die Räder denken, die ungenutzt in Kellern herumstehen. Weil ich aber leider keinen solchen Keller kannte, klapperte ich stattdessen auch diesmal die Fahrradläden nach gebrauchten Exemplaren ab. Vielleicht war das späte Frühjahr dafür kein guter Zeitpunkt, weil zu dieser Jahreszeit viele eins suchen. Oder die Räder rosten tatsächlich in den Kellern und ihre Besitzer kommen gar nicht auf die Idee, sie anzubieten – jedenfalls fand ich nirgends eins, das auch nur annähernd infrage kam. Es vergingen etliche Monate mit Suchen. Als ich nach einem weiteren erfolglosen Besuch in der Gebrauchtabteilung eines Fahrradladens einer Freundin meinen Frust gestand, erzählte sie von den Eltern eines Freundes, die gerade ... – genau. 30 Kilometer Fahrt, eine Blume als Dankeschön – und das schwarze Hollandrad war meins. Einfach eins für unter 200 Euro im Baumarkt zu kaufen, wäre deutlich schneller gewesen und ich hätte unter verschiedenen Modellen wählen können – aber unsere aufwendig hergestellten Gegenstände länger zu nutzen, freut den Planeten.

Tauschen, selbermachen, teilen, leihen, gebraucht kaufen – ich habe das Gefühl, erst an der Oberfläche des einfachen Lebens zu kratzen. Aber die Sache riecht nach Freiheit, nach Unabhängigkeit vom Habenmüssen, Standardhalten, Mehrwollen, nach einem Platz für die Werte, die mir viel wichtiger sind: Begegnungen mit anderen, Zeit haben zu helfen, Sein in der Natur, Schaffen mit den eigenen Händen, Kreativität und Feiern.

Links

Themenportal: *lets-share.de*

Kleidertauschpartys: *kleidertausch.de*

Öffentliche Bücherschränke: *openbookcase.org*

Obstbäume: *mundraub.org*

Sachen loswerden: *wohindamit.org*

Plattformen

Feriendomizile: *de.homeforhome.com; homelink.de; intervac-homeexchange.com; haustauschferien.com*

Leihbörse: *frents.de*

Lernen: *skillshare.com*

Medien: *tauschticket.de; tauschgnom.de; tauschbillet.de; bambali.de*

Mitfahrgelegenheiten: *blablacar.de*

Spielzeug: *ciluna.de; kilenda.de; bauuduu.de;*

meinespielzeugkiste.de; real-mieten.de

Technik: *getgrover.com*

Verschiedenes: *mietmeile.de*

Hilfreiche Fragen vor meinen Einkäufen

- Brauche ich das?
- Habe ich nicht schon genug davon?
- Könnte ich es mir stattdessen leihen? Oder gebraucht kaufen?
- Könnte ich auch ohne leben?
- Werde ich es genug nutzen, dass der Kauf angemessen ist?
- Wo, wie und von wem wurde es hergestellt?
- Wer bekommt dafür mein Geld und möchte ich das?
- Hilft es mir so sehr oder macht es mich so glücklich, dass ich es wirklich haben will?

04
LANDLUST

Wo meine Schnitzel sich im Schlamm suhlen

*„Wie viele unter uns gibt es schon jetzt, die niemals
Fleisch äßen, wenn sie selber das Messer in die Kehle der
betreffenden Tiere stoßen müssten."*
Bertha von Suttner

*„Und Gott sprach: ‚Seht her! Ich habe euch die Samen
tragenden Pflanzen auf der ganzen Erde und die Samen
tragenden Früchte der Bäume als Nahrung gegeben.'"*
1. Mose 1,28-29 NLB

Eine malerische Windmühle am Ufer der Dove Elbe. Wer hinter der Autobahnausfahrt nicht über die Mühlenbrücke fährt, die gebaut wurde, um die alte Fährverbindung zu ersetzen, landet zwischen Feldern, auf denen mattgrüne Pferdekopfpumpen Erdgas aus dem Boden holen. Selbst wenn viel Grün zu sehen ist und der Blick weit schweifen kann, ist es nicht immer weit her mit der Landromantik. Ich umfahre den Galeriehölländer aus rotem Backstein und rolle weiter auf den Deich. Ab hier erstreckt sich links und rechts das weitläufige Marschland. Höfe säumen die Straßen, Pferde grasen. Wenige wissen, wie ländlich der Hamburger Südosten geblieben ist. Er kommt der Idylle aus all den Landmagazinen in den Zeitschriftenregalen fast nahe – allerdings sitzen vor den Haustüren in der Abendsonne keine Korbflechterinnen mit historischen Werkzeugen und es stehen auch keine selbstgefilzten Gartenpuppen oder geschnitzten Deko-Eulen im Vorgarten, sondern matschige Gummistiefel warten auf ihren nächsten Einsatz im Stall und verdreckte Plastikstühle erinnern daran, dass Pausen auf dem Land selten sind.

Etliche Kilometer weiter öffnet sich links die kopfsteingepflasterte Einfahrt und ich habe mein Ziel erreicht. Linker Hand steht das langgestreckte Bauernhaus mit den grünen Fensterläden, geradeaus die Scheune mit der riesigen Schiebetür. Gummistiefel auch hier, Hühnergehege hinten auf der Wiese, der Kaninchenstall neben der Einfahrt. Schon als ich aus dem Auto steige, höre ich, was ich hier am liebsten höre: das dumpfe Röhren schwarz-weißer

Kühe. In den Neunzigerjahren haben sich die benachbarten Familien Langeloh und Kohrs zusammengeschlossen, gemeinsam eine GbR gegründet und hier in Reitbrook den Milchbetrieb ausgebaut. Aber statt nur ein kleines Rad im großen Milchhandel zu werden, haben sie auch eine eigene Vertriebsschiene entwickelt und vermarkten ihre Milch nun selbst.

Ich bin früh. Melkzeit ist erst gegen 17 Uhr. Dann haben die Kühe ihren Tag auf der Weide hinter sich und stellen sich brav an, um hintereinander in die weißen Gitterbuchten zu trotten. Durch die Fenster im Melkstand kann dann jeder zusehen, wie die prallvoll gefüllten Euter an die Melkmaschinen angeschlossen werden. Erst werden die Zitzen gereinigt, dann die vier Saugbecher des Melkgeschirrs aufgestülpt. Früher saß der Melker eine Viertelstunde pro Kuh auf dem Schemel, heute fließen zweimal am Tag 1000 Liter in die Tanks. Die Besonderheit: Gut ein Drittel davon liefert der Milchhof direkt an Privatleute in der Umgebung und an Hamburger Kantinen und zahlreiche Coffeeshops in den Szenevierteln.

Im Jahr 2018 lag der Preis für Rohmilch bei 33 bis 40 Cent pro Liter. Beim alarmierenden Niedrigpreisniveau 2016 waren es nur 25 Cent. Damit rentiert sich die Sache für den Bauer nicht – die Produktionskosten liegen darüber. Da an der Milch aus Reitbrook weder Molkerei noch Milch- und Einzelhandel mitverdienen, landen die Einnahmen – je nach Flaschengröße zwischen 1,10 und 1,25 Euro pro Liter

– direkt in der Tasche der Landwirte. Mit 140 Kühen ist dies ein kleiner Betrieb. Die Tiere dürfen raus auf die Weide, leben in einem offenen Stall mit Heu und Platz zum Hinlegen und Verdauen. Auf bio haben die Landwirte in Reitbrook zwar nicht umgestellt, aber ein Großteil des Futters wird selbst angebaut und als Silage verfüttert. Wenn ich mein Vorhaben umsetzen will, der Massentierhaltung die lange Nase zu zeigen, bin ich hier an der richtigen Stelle.

Und ich habe Glück: Die freundliche Dame im Büro erklärt mir, dass unsere Straße im Liefergebiet liegt. Und damit lasse ich mich ab sofort mit auf den Routenplan setzen. Zweimal pro Woche soll der weiße Kleinbus mit dem Milchhof-Logo mir jeweils einen Zwei-Liter-Kanister vorbeibringen. Bei Bedarf kann ich kurzfristig mehr oder weniger bestellen und Joghurt dazuordern. Das kostet monatlich inklusive Anlieferung und Reinigung der Mehrwegflaschen 23,90 Euro, monatlich etwa fünf Euro mehr, als wir für dieselbe Menge Bio-Milch im Supermarkt bezahlen. Dafür steht die Milch in Zukunft direkt vor unserer Tür, wir vermeiden den Tetrapackmüll und ich weiß, dass unsere Milchproduzenten nicht zu Tausenden in den Ställen stehen und von Tageslicht nur träumen.

Aus dem Ruder gelaufen

Was mir zunehmend Kopfschmerzen bereitet: wie wir mit unseren tierischen Mitbewohnern auf diesem Planeten umgehen. 745 Millionen Tiere leben allein in Deutschland in Massentierhaltung. Die Bilder aus den Reportagen von Mastbetrieben und Gigaställen gehen mir nicht mehr aus dem Kopf. Tausende Schweine in einer Mastanlage sind keine Seltenheit. Einem 100 Kilogramm schweren Schwein steht gesetzlich nicht einmal ein ganzer Quadratmeter Platz zu. Streu und Beschäftigung gibt es nicht. Der Ammoniak, der in der Luft liegt, kann zu Lungenschäden führen. Kurz nach der Geburt wird der Ringelschwanz kupiert und die Eckzähne werden abgeschliffen, weil sonst die Verletzungsgefahr zu groß ist – was in der EU seit 2001 als Routinemaßnahme verboten ist, in Deutschland aber trotzdem weiter praktiziert wird.[8] Weil Eberfleisch streng schmecken kann, werden jährlich 20 Millionen männliche Ferkel kastriert – ohne Betäubung und Schmerzbehandlung. Ein Gesetzentwurf, der die Kastration ohne Betäubung verboten hätte, kam 2013 nicht durch. Eigentlich sollte immerhin Anfang 2019 Schluss sein damit, doch weil man es in den Jahren dazwischen versäumt hatte, über Alternativen zu beraten und zu entscheiden, ist die schmerzhafte Prozedur mindestens weitere zwei Jahre erlaubt.[9]

Natürliche Verhaltensweisen der Tiere werden völlig ignoriert. Statt den Erdboden sechs bis acht Stunden täglich mit ihrem Rüssel nach Insekten, Knollen und Wurzeln zu durchgraben, fressen sie in wenigen Minuten ihr energiereiches Mastfutter. In der Natur scheuern Schweine sich an Bäumen, suhlen sich im Schlamm, bauen eine Rangordnung auf – an all das ist in der Enge nicht zu denken. Fehlverhalten und Aggressionen sind die Folge.[10]

Dass auch Bio-Tiere nicht totgekuschelt werden, ist eine Binsenweisheit, aber ich empfinde, dass uns irgendwo auf dem Weg zu den heutigen Fleischfabriken, in denen Schweine und Hühner zu Industrieprodukten wurden, die Achtung vor den Tieren, die uns ernähren, verloren gegangen ist. Irgendwie ist die von Gott gedachte Beziehung zwischen Mensch und Tier aus dem Ruder gelaufen. Immerhin hat er beide erschaffen und beide sind auf gleiche Art von ihm abhängig: „Herr, du hilfst Menschen und Tieren", heißt es in Psalm 36,7 (LUT), und das klingt verdächtig danach, dass wir im selben Boot sitzen. Ich empfinde einen Unterschied zwischen einem Bauern, der für seine Tiere sorgt, sie auf seine Weide treibt, ihre Namen kennt, sie melkt oder füttert – und einem Betrieb, in dem ein einziger Angestellter für 4000 Schweine zuständig ist und Fütterung und Pflege dank ausgeklügelter Technik automatisiert funktionieren.

Zu Noahs Familie sagte Gott nach der erfolgreichen Schiffslandung: „Ihr dürft von jetzt an Fleisch essen, nicht nur Pflanzenkost; alle Tiere gebe ich euch als Nahrung" (1. Mose 9,3 GNB). Dass er dabei schon an Massentierhaltung gedacht haben könnte, leuchtet mir nicht ein. Spannend auch, dass Fleisch erst jetzt auf dem Speiseplan vorgesehen war. Bis dahin galten die „Samen tragenden Pflanzen" und die „Samen tragenden Früchte der Bäume" für die Menschen als Nahrung und für die Tiere „Gras und alle anderen grünen Pflanzen" (1. Mose 1,29). Keine Rede davon, dass der Fuchs sich eine Gans stiehlt oder der

Mensch doppelte Currywurst bestellt. Am Anfang war der Vegetarier. Hieronymus, gelehrter Bibelübersetzer im vierten Jahrhundert, aß aufgrund genau dieses Textes fleischlos.

Erst nachdem Noah sich mit seinem schwimmenden Zoo durch die Fluten gekämpft hatte, gestand Gott ihm zu, nun auch die Tiere als Nahrungsquelle zu nutzen – wenn denn kein Blut mehr darin war (1. Mose 9,3). Manche wollen im erlaubten Fleischverzehr nur eine „Notordnung"[11] nach dem Sündenfall sehen – die aber wird jedenfalls von Jesus und den ersten Christen an keiner Stelle aufgehoben. Der Prophet Jesaja immerhin verspricht: Dermaleinst werden nicht nur Kuh und Bärin, Lamm und Löwin friedlich beieinander wohnen, sondern auch Menschenkinder und Schlangen. Mit dem großen Retter, den Jesaja ankündigt, läuft alles auf eine harmonische Eintracht in der gesamten Mensch- und Tierwelt zu, in die vierbeinige Wesen ausdrücklich eingeschlossen sind – und demnach wohl nicht mehr auf dem Teller landen (Jesaja 11; 65; vgl. Kolosser 1,23). Auch vorher hat Gott den Tieren aber eindeutig Würde zugesprochen und es liegt an uns, ihnen ein Leben zu verschaffen, das dem entspricht. Aus dem schwäbischen Pietismus soll der Spruch stammen: „Wenn sich der Bauer bekehrt, merkt das zuerst das Vieh im Stall."

Und die Konsequenzen?

Was das für meinen Speisezettel heißt, ist damit noch nicht geklärt. Fleisch – ja oder nein? Nicht erst, seit die Tierschutzorganisation Peta behauptete, auch Jesus sei

Vegetarier gewesen, hält sich diese Vermutung hartnäckig. In der Tat: Ausdrücklich liest man in der Bibel nur davon, dass Jesus Fisch aß, was zumindest einige Vegetarier ebenfalls so halten (streng genommen heißen sie dann allerdings Pescetarier, vom lateinischen *piscis* für Fisch).

Jesus nimmt beispielsweise nach seiner Auferstehung einen Happen Fisch zu sich, als die Jünger sich bei seiner Ankunft fast vor Angst in die Hosen machen, weil sie glauben, ein Gespenst zu sehen. Verständlicherweise. Nachdem er ihnen Füße und Hände gezeigt und sie überzeugt hat, dass ein Gespenst wohl eher ohne Körper auskäme, fragt er nach Essbarem und bekommt Fisch (Lukas 24,41-43). Außerdem verhilft er seinem Freund Petrus zu einem gehörigen Fischfang (Johannes 21) und sorgt sowohl bei einem Grillfest als auch bei einem Megapicknick nicht nur fürs Brot, sondern auch für die Fischbeilage (Johannes 21; Matthäus 15). Nirgendwo wird konkret erwähnt, dass er Steaks oder Weißwurst aß. Und doch liegt wohl nahe, dass er nicht auf Fleisch verzichtete, denn er lebte als Jude und alljährlich pilgerten beispielsweise seine Eltern zum Passahfest nach Jerusalem. Bis zur Zerstörung des Tempels durften nur dort Lämmer geschlachtet werden, wo sie anschließend beim Passahmahl verzehrt wurden. Und in seiner bekannten Geschichte vom Verlorenen Sohn lässt der Vater nach der Rückkehr seines jüngeren Sohnes vor Freude ein Kalb schlachten – und Jesus hängt hier keinerlei kritische Fußnote zum Fleischkonsum an

(Lukas 15,11-32). Zum Festmahl gehört der Braten. Nichts deutet darauf hin, dass Jesus das anders sah.

In Jerusalem rangen später Paulus und Barnabas mit den Aposteln und Ältesten darum, wie Nichtjuden leben sollten, die sich Gott zuwandten. Das Thema Fleisch spielte dabei auch eine Rolle. Denn am Ende einigte man sich, den neuen Gläubigen das Leben nicht unnötig schwer zu machen. Ihren Fleischkonsum allerdings sollten sie beschränken: Auf Fleisch, das Götzen geopfert wurde, sollten sie ebenso verzichten wie auf das Fleisch nicht ausgebluteter Tiere (Apostelgeschichte 15). Von einem vegetarischen Lebensstil ist auch hier nicht die Rede.

Und ich? Gestern war Sonntag und ich habe die Schweinemedaillons mit Pfifferlingen und gebratenen Zwiebeln sehr genossen. Ich bemühe mich darum, Wurst, Fleisch und Milchprodukte wie Sahne und Schmand entweder in Bioqualität oder beim Metzger zu kaufen, der sein Fleisch ausdrücklich von Familienbetrieben in der Region bezieht. Und ich fühle mich am wohlsten bei den „Flexitariern", wenn man denn eine Schublade braucht: Menschen, die Massentierhaltung ablehnen, sich dafür interessieren, woher ihr Fleisch stammt und sich das auch etwas kosten lassen. Das bedeutet: mehr Geld fürs Fleisch und weniger Fleisch auf dem Teller. 42 Millionen gibt es einer Forsa-Studie zufolge angeblich von uns. Allerdings können die nicht alle durchweg Bio- oder Fleisch vom Metzger essen, denn sonst müsste Aldi seine Billigfleischtheke dichtmachen.

Ganz auf Fleisch verzichten? Das kann ich mir bisher nicht vorstellen. Und das nicht nur, weil unsere Kinder erklärte Salamifans sind. Manchmal gehört für mich einfach Hackfleisch in die Nudelsoße und eine Wurst auf den Grill. Die Tofuwurst fanden unsere Jungs leider schon im Kindergartenalter ungenießbar – und wir haben ihnen vorher mit keinem Wort erklärt, dass kein Fleisch drin ist. Auch dass vegetarische oder vegane Kost per se gesünder wäre, legen Studien nicht nahe. Nach wie vor empfiehlt die Deutsche Gesellschaft für Ernährung abwechslungsreiche Vollwertkost mit nicht mehr als 300 bis 600 Gramm Fleisch oder Wurst pro Woche. Auf die Menge kommt es an. Kein Schreibtischtiger braucht jeden Tag das Kotelett aus der Kantine.

Ich kann es für mich verantworten, in begrenztem Maße Fleisch zu essen, wie der Mensch es seit Jahrtausenden tut und die anderen Allesfresser aus dem Tierreich ebenso – wenn denn die Tiere als Geschöpfe geachtet und angemessen statt in Massenställen gehalten werden. Auf dem Reitbrooker Milchhof habe ich diesen Eindruck. Zu den zufriedenen Kunden gehört auch der Mitarbeiter einer großen Milchhandelsfirma, der seinen Namen lieber nicht gedruckt sehen möchte. Sein Arbeitgeber kauft Milch von Molkereien und verkauft sie an die großen Hersteller von Joghurt, Käse und Co. weiter. Täglich lässt seine Firma sogenannte „Flüssigmilchrohstoffe" wie etwa Rahm, Milchkonzentrat, Süßmolke und Rohmilch quer durch Europa rollen. Die Milch wird etwa aus Polen und Rumänien abgeholt und, zerlegt in ihre Bestandteile, an deutsche Milchverarbeiter weitergeliefert. Um immer denselben Gehalt etwa von Fett und Eiweiß in den Milchprodukten zu erreichen, werden die verschiedenen Grundstoffe verschiedener Milchsorten zusammengegossen. So ganz genau werde dabei allerdings nicht immer alles genommen, sagt der Mitarbeiter. Er habe erlebt, wie Qualitätszertifikate etwa über den Eiweißgehalt gefälscht oder auch konventionelle Milch kurzerhand zu Bio-Milch umdeklariert wurde. In einem Fall, von dem er mir erzählt, sei das kürzlich auch für einen bekannten Hersteller passiert, dessen Name auf Produkten im Reformhaus prangt und der Joghurt für Bio-Handelsmarken herstellt. Da kaufe er seine Milch lieber von Kühen, deren Stall er kenne, sagt er. Wenn das jemand aus der Milchindustrie sagt, lässt mich das aufhorchen.

Dem Schwein ins Gesicht schauen

Natürlich hat nicht jeder einen Milchhof um die Ecke, der die Milch glücklicher Kühe direkt an die Haustür liefert. Aber je größer das Bewusstsein für den Wert guter Lebensmittel wird, desto mehr Möglichkeiten finden sich, sie bereitzustellen. Schon so mancher Bauer in den städtischen Randbezirken setzt auf den direkten Absatz seiner Produkte in Hofläden, auf Wochenmärkten – oder im Internet.

Auch Bauer Schulz hat von Massentierhaltung die Nase voll. Er zieht seine 120 Ferkel auf seinem Hof südlich von Berlin mit Bio-Futter auf und lässt sie über die Weiden stromern. Ein Teil seiner Schweine landet in den Gläsern von Dennis Buchmann, der auf seiner Website meinekleinefarm.org Speck, Schinken und Mett der vierbeinigen Landbewohner verkauft. Auf dem Deckel der Leberwurst prangt prominent: ein Foto vom da noch quicklebendigen Schwein. Wer Fleisch esse, sollte schon so ehrlich sein, dem Tier auch ins Gesicht zu sehen, findet Buchmann. Und legt damit den Finger in die Wunde unserer urbanen Lebenskultur: Uns fehlt die Beziehung zu den Tieren. Lebten Kuh, Schaf und Huhn früher mit auf dem Hof oder sogar im selben Haus, sperren wir sie heute zu Tausenden in dunkle Ställe, die außer den wenigen Mitarbeitern niemand zu Gesicht bekommt.

Der Gatte und ich haben uns entschieden, Bio-Fleisch zu kaufen, obwohl es teurer ist. Ein Kilo Bio-Schnitzel kostet derzeit knapp 30 Euro, herkömmliches zehn. Ökolandwirtschaft ist teurer. Der Bio-Bauer mit knapp 200 Schweinen und Auslaufmöglichkeit zahlt rund 3,60 Euro pro Kilo Fleisch, das er erzeugt. Der Agrarmanager mit 2000 Schweinen und automatisierter Fütterung zahlt dagegen nur 1,44 Euro.[12] Bei unserem Einkommen wird Fleisch somit zu dem, was es auch früher schon einmal war: ein Luxusgut. Der Sonntagsbraten ist dann ein umso größerer Genuss. Wir kochen etliche Gemüsegerichte mit Nüssen statt mit Speck, essen Pellkartoffeln mit Quark und Blumenkohl mit Currysoße und nur gelegentlich braten wir Bio-Fleisch für Geschnetzeltes oder Spaghetti bolognese. Ein großer Verzicht? Für unseren Speiseplan eher nicht.

Nur manchmal muss ich schlucken, wenn Gäste bei der teuren Bio-Salami gedankenlos zugreifen oder wir Fleisch für eine größere Runde einkaufen. Größere Grillfeste veranstalten wir mittlerweile meist als Mitbring-Partys.

Viele weitere Fakten sprechen ohnehin dafür, weniger Fleisch zu essen: Rückstände von Nitraten und Schwermetallen belasten die Böden. Drei Viertel aller Antibiotika in Deutschland werden Tieren verabreicht. Dadurch entwickeln Krankheitserreger Resistenzen, gelangen über die Gülle in Erdreich und Gewässer und schließlich zum Menschen. Wahrscheinlich am schwerwiegendsten: die Folgen fürs Klima. Vor allem Rinder stoßen bei der Verdauung großen Mengen an Methan aus, das 25-mal schädlicher fürs Klima ist als Kohlendioxid. Außerdem setzen Ackerböden bei der Verwendung von Kunstdünger Lachgas frei, das sogar rund 300-mal schädlicher ist. Für den Ausstoß von Treibhausgasen nennen verschiedene Studien unterschiedliche Zahlen, doch die Tendenz geht immer in eine ähnliche Richtung: Laut Öko-Institut beispielsweise werden pro Kilo Rindfleisch 13 Kilogramm CO_2 freigesetzt, bei Geflügel sind es immer noch 3,5 Kilogramm. Bei derselben Menge Gemüse oder Obst dagegen entstehen nur 150 g CO_2.[13] Immerhin 14 Prozent der insgesamt vom Menschen verursachten Treibhausgase gingen laut „Fleischatlas 2018" auf das Konto der Fleischproduktion.[14]

Zudem können wir gar nicht so viel Viehfutter anpflanzen, wie unsere jährlich 12,4 Millionen in Deutschland

59

geschlachteten Rinder und 27,1 Millionen (!) Schweine brauchen. Solange Europa keine Zölle auf Sojaschrot erhebt, wird deshalb unter anderem mit genmanipuliertem Soja aus Argentinien und Brasilien zugefüttert, für dessen Anbau Regenwald gerodet wird, weil er als billige Eiweißquelle gilt. Dabei ist das nicht einmal effektiv. Zwischen fünf und 30 pflanzliche Kalorien werden je nach Tierart verfüttert, um eine einzige Kalorie in Form von Eiern, Milch oder Fleisch zu erhalten. Aus einer Kalorie Getreide dagegen wird eine Kalorie Brot.

Forscherteams der Universitäten Hohenheim und Göttingen haben in einer Studie belegt, dass sich auch die Ernährung in den Entwicklungsländern verbessert, wenn wir hierzulande weniger Fleisch essen. Weil der Handel global organisiert ist und die Nachfrage den Preis bestimmt, gehen sie davon aus, dass Fleisch insgesamt um neun Prozent und Getreide bis zu drei Prozent günstiger – und damit für Menschen der Entwicklungsländer erschwinglicher – würde, wenn wir unseren Schnitzelhunger drosselten.[15] Denn 40 Prozent der weltweiten Mais-, Weizen-, Hafer- und Roggenernte wird an Tiere verfüttert. Und weil Agrarflächen immer knapper werden, fehlt es dann bei der Ernährung der Armen. Und auch anderswo steigt der Appetit auf Fleisch – und die Möglichkeit, es zu bezahlen. Um nach heutigem Stand die wachsende Nachfrage in China und anderen Ländern decken zu können, müsste die weltweite Fleischproduktion bis 2050 von heute 300 auf 470 Millionen Tonnen gesteigert werden, was auch bedeutet, dass sich der Sojaanbau zur Mästung beinahe verdoppeln müsste.[16] Immerhin: Im Durchschnitt hat jeder Deutsche 2016 rund ein Kilogramm Fleisch weniger verzehrt als im Jahr zuvor. Seit 2007 sinkt der Verbrauch stetig.[17] Es tut sich was.

Bisher habe ich Bio-Wurst und -Fleisch meist zusammen mit dem Wocheneinkauf in verschiedenen Supermärkten gekauft. Dann aber lese ich in der Zeitung vom Fleischverkauf auf einem Bio-Hof in unserer Nähe. Alle paar Monate lässt Henning Beeken seine Schweine und Rinder schlachten und alle paar Wochen samstags wird das Fleisch auf dem malerischen Hof in der Marschlandschaft verkauft. Bislang hatte ich bei ähnlichen Angeboten nur Rindfleisch gefunden, das eigentlich nie auf unserem Speisezettel steht. Hier aber gibt es ein Fleischpaket mit Schnitzeln, Schweinebraten und Karbonaden. Karbo... was? Nie gehört. Rippenstücke seien das, erfahre ich im Internet und chefkoch.de zeigt mir gleich ein paar passende Rezepte. Gut, daraus werden wir etwas brutzeln können. Trotzdem sind sechs Kilo und zwei Schweinebraten ziemlich viel für unsere fleischarme und zeitoptimierte Ernährungsweise und unseren Gefrierschrank. Aber die Schwiegereltern haben sich für das Wochenende angekündigt und sagen zu, die Hälfte abzunehmen. Also bestelle ich das Paket online vor, am Samstag darauf können wir Schnitzel und Co. auf dem Hof abholen. Und vielleicht wird daraus ja sogar ein Ausflug, bei dem ich meine Familie zu einem Besuch im Hofcafé überreden kann. Sonst sind sie nämlich allesamt Cafémuffel.

Leider ist das Wetter ziemlich frostig und nieselig im Hamburger Osten und die Familie will schnellstmöglich wieder nach Hause, nachdem wir in der langen Schlange an der Fleischtheke gestanden haben und die Sprösslinge derweil mit Opa über den Hof getobt sind. Aber wir konnten den Geschwistern unserer Schnitzel zusehen, wie sie sich draußen – streng nach Bio-Verordnung – im Dreck suhlten. Echte Angelner Sattelschweine, eine alte grau-rosa Rasse, seien das, deren Fleisch etwas mehr Fett enthalte und daher saftiger sei, erklärt der Senior-Landwirt Georg Eggers. Aber auch eine Kindergartenklasse aus rosa Steckdosenschweinchen tobt durch den Stall. Sie ist gerade gestern in die alte, als fledermausfreundlich ausgezeichnete Scheune eingezogen. Die Rinderherde grast derweil draußen auf einer Kleewiese. Klee sei unverzichtbar im Bio-Landbau, erfahre ich noch, denn er könne Stickstoff im Boden speichern. Als Nächstes werden hier dann Dinkel und Futterpflanzen angebaut, bis nach drei Jahren wieder Klee an der Reihe ist. Soja kommt hier nicht in den Trog und auch umweltschädlicher Dünger ist überflüssig. Geschlachtet wird nur wenige Kilometer entfernt bei einem der letzten Schlachter der Region – auch das im Sinne der Tiere: Eine kurze Fahrt versetzt die Tiere in den geringstmöglichen Stress. Gut auch fürs Fleisch: Weniger Stress bedeutet weniger Adrenalinausstoß.

Die idyllischen Kuhweiden auf den Fleischverpackungen der Supermärkte empfinde ich mittlerweile als zynisch. Es ist Selbstbetrug zu glauben, wir könnten Fleisch zu solchen Preisen von glücklichen Rindern und Hühnern bekommen. Ist doch verrückt: Würde man die Wahrheit abbilden, nämlich Tausende Tiere dicht gedrängt im Stall, würden vermutlich die meisten ihren Kauf überdenken und sich fragen, ob das noch richtig ist. Während die Schweine quieken und stinken, das alte Niedersachsenhaus seinen Charme versprüht und ich mit meinem Fleisch zum Auto stapfe, freue ich mich, dass wir sehen und riechen und hören konnten, woher unser Mittagessen stammt, und uns daran beteiligen, die Schönheit kleiner familiengeführter Landwirtschaftsbetriebe zu bewahren.

Links

Liste mit Hofläden: *dein-bauernladen.de; hofladen-bauernladen.info*

Fleischatlas: *bit.ly/2D6eIRC*

Verbrauch berechnen: *blitzrechner.de/fleisch*

Gutes Fleisch im Netz: *Kaufeinschwein.de; meinekleinefarm.org*

Fisch

Fisch zu essen, ist gesund für den Menschen, weniger für die Meere: Durch Überfischung sinkt der Bestand. Jungfische, Vögel und Schildkröten geraten als Beifang in die Netze. In Fischfarmen können Chemikalien, Krankheitserreger und Fischkot in die Gewässer gelangen. Fisch sollte deshalb eine nicht alltägliche Delikatesse bleiben und wie der Sonntagsbraten lieber nur einmal in der Woche auf den Tisch kommen. Manche Fischarten sind gefährdeter als andere:

- Am unbedenklichsten kann man *Karpfen* kaufen.
- *Lachs, Hering, Thunfisch* und *Kabeljau* aus ökologisch nachhaltiger Fischerei sind in Ordnung.
- *Makrele, Aal und Rotbarsch* lieber meiden.

Grundsätzlich gilt das MSC-Siegel für Wildfisch und das ASC-Siegel für Zuchtfisch auf der Packung als hilfreiche Orientierung. Greenpeace kritisiert allerdings zu niedrige Mindestanforderungen. Die Bio-Siegel von „Naturland" und „Bioland" weisen auf eine umweltfreundliche Fischzucht hin.

Im Apple-App-Store und im Google-Playstore gibt es Einkaufsratgeber für Fisch von Greenpeace und WWF. Man kann so die Angaben von Verpackungen direkt im Supermarkt eingeben und erhält vor Ort Infos, um ökologisch unbedenklich einzukaufen. Berücksichtigt werden dabei beispielsweise Fischbestände und Fangmethode bei der Fischerei. Bei den Aquafarmen wird auf Setzlinge, Futter und Menschenrechte geachtet.

05
ERDVERBUNDEN

Mal Äpfel und Bananen vergleichen

„Tu deinem Leib etwas Gutes,
damit deine Seele Lust hat, darin zu wohnen."
Teresa von Avila

„Gott, der Herr, brachte den Menschen in den Garten
Eden. Er sollte ihn bebauen und bewahren."
1. Mose 2,15 NLB

Es ist Mitte Mai und wieder einmal habe ich die Explosion des Grüns mit aufgerissenen Augen bewundert, herbeigesehnt, bestaunt. Ich bin ein Stadtkind, aber ich kann mich an Grün berauschen. Blätter, Äste, Zweige, Büsche, Bäume, Blumen, Gräser – ich kann von ihrem Anblick nicht genug kriegen. Ich spüre vor Sehnsucht ein Ziehen im Magen. Als würde Urahnin Evas DNA in mir jedes Mal vor Jubel hüpfen beim Anblick von Grün. Und vielleicht stimmt das sogar ein bisschen. Gott hat die Menschen in einem Garten geschaffen. Nicht im Großraumbüro oder Hinterzimmer. Warum sollte das nicht noch in uns drinstecken? Inmitten seiner Schöpfung spüre ich immer auch seine Heiligkeit, diese ursprüngliche Schönheit, die alle Sinne umfängt – auf der Haut den Wind, in der Nase den Duft, im Blick diese verschwenderische Vielfalt aus schmalen Halmen und dornigen Disteln und rotem Mohn und Zehntausenden Blättern an Ästen, die im Wind wogen. Schöpfung so ganz anders als wir und doch vom selben Urheber, von derselben Lebenskraft erfüllt, mit demselben Kunstverstand erdacht. Grün lässt mich Ehrfurcht spüren. Weil alles wie durch Zauberhand, nein, durch göttliche Geisteshand, sprießt – ein riesiges Ökosystem, in dem alles zusammenhängt, winzig und gewaltig, Ameise und Eiche, Blumenwiese und Anemone und Ozean.

Mit meiner Sehnsucht nach Grün bin ich nicht allein. Überall wird gepflanzt und gegossen, gepflegt und gegärtnert. Am östlichen Stadtrand von Karlsruhe hat eine kleine christliche Gemeinschaft die Ackerdemie gestartet, einen Gemeinschaftsgarten mit Seminarraum und Küche, in dem Städter zusammen Kräuter und Gemüse anbauen und verarbeiten, begleitet durch Seminare, Kochkurse und natürlich viel Knochenarbeit. Und seit einige junge Begeisterte 2009 in Berlin-Kreuzberg begannen, nach New Yorker Vorbild eine brachliegende Baulücke in die mittlerweile viel zitierten Prinzessinnengärten zu verwandeln, pflanzen allerorten Szenestädter Kräuter und Kürbisse auf Dachterrassen, entstehen Balkongärten, gibt es Äcker am Stadtrand zu mieten, auf denen von Mai bis September der Gemüsebedarf der Familie geerntet werden kann. Urban Gardening ist heißer Favorit für eine Topplatzierung unter den Trends des Jahrzehnts.

Unsere Freunde haben einen Apfelbaum zur Hochzeit bekommen. Der steht 40 Kilometer entfernt im Alten Land und im Herbst fahren sie hin und pflücken. In unserem digitalen Alltag scheinen wir allgemein die sinnliche Erfahrung neu zu entdecken. Wir wünschen uns wieder Bezug zur Natur und zu unseren Lebensmitteln, wollen wissen, wo herkommt, was wir essen – und ein körperlicher und naturnaher Ausgleich zur Kopfarbeit am Schreibtisch ist das Wühlen im Acker oder Hochbeet obendrein.

Zwischen Landidyll und harter Arbeit

Bisschen pflanzen, bisschen gießen, dachte ich vor ein paar Jahr nochen naiv über das Gärtnern, musste aber schnell lernen: Ein Garten ist längst kein Paradies mehr – wenn man keine Schnecke ist. Die fanden unseren Salat nämlich schneller, als ein Frosch im Tümpel ist. Gartenarbeit hilft eindeutig, jede Landidylle zu entzaubern.

Neben unserer Haustür steht gerade eine Tomatenpflanze, an der 20-mal mehr schwarze Läuse hängen als gelbe Blüten. Meiner Karriere als Gemüsegärtnerin steht manches im Weg. Ich zum Beispiel. Ich bin zwar zu ordnungsliebend, um alles verwildern und mich überraschen zu lassen, was durchkommt, aber leider auch zu faul, um jeden Morgen verschlafen die Schnecken vom Salat zu sammeln. Ich musste einsehen, dass mein grüner Daumen zu wünschen übrig lässt. Immerhin: Ich weiß nun weitaus mehr zu schätzen, welch harte Arbeit in Tomaten, Radieschen und Möhren steckt, die wir bislang so sorglos gekauft haben. Bleibt, für meine Tomatenpflanze und den Kirschbaum optimistisch auf die Marienkäferlarven und ihren Läusehunger zu warten und darüber hinaus meine Bio-Tomaten weiterhin bei meinem Lieblingstomatenbauern Wolfgang im Nachbarviertel zu kaufen. Die sind in unserer Familie schon aus Geschmacksgründen unumstritten. Ansonsten sind der Gatte und ich nicht immer derselben Ansicht, ob es bio sein muss oder nicht.

Allgemein wächst die Branche tüchtig. Im Jahr 2017 wurden Bio-Lebensmittel für 10,04 Milliarden Euro verkauft, vor fünf Jahren waren es erst 1,13 Milliarden Euro. Mich freut's. Heißt, ich bin nicht alleine mit meinen Zweifeln am bisherigen Lebensstil und dem Fair-Rücken meiner Gewohnheiten. Die Kehrseite: Die Aussicht auf größere Gewinne in der Bio-Branche lockt auch schwarze Schafe an. Eier werden falsch deklariert, Hühnerställe überbelegt, die laxeren Inspektionen in Gemüsebetrieben in Spanien oder Rumänien und fehlende Importkontrollen zum Betrug im großen Stil genutzt.[18] Und leid tut es mir auch um den kleinen Bioladen „Milch und Honig" in meinem Stadtteil, den die damalige Studentin Wiebke Ohrt Anfang der Achtziger mitgegründet hatte und der schließen musste, weil der großräumige Biosupermarkt Denn's ein paar Straßen weiter viel größer und schicker eröffnet hat. Bio gewinnt an Größe und dabei bleibt manches auch auf der Strecke.

Trotzdem finde ich es richtig, dass ein Umdenken eingesetzt hat. Die Motivation der häufig jüngeren Bio-Shopper ist ganz unterschiedlich. Manch einer schwört auf das fruchtigere Aroma von Öko-Möhren, andere hoffen auf mehr Vitamine und Mineralstoffe als in konventionellem Obst und Gemüse. Die Hoffnungen allerdings sind nur zum Teil berechtigt, sagen bislang alle Studien. Nährstoffe und Aromen schwanken von Saison zu Saison, von Baum zu Baum. Weder schmecken Bio-Kartoffeln und -Paprika eindeutig besser, noch enthalten sie die gesünderen Stoffe. Nur eins ist klar belegt: Bio heißt weniger Pestizide. Zwar werden auch bei konventioneller Ware die Höchstgrenzen eingehalten, die als gesundheitlich unbedenklich gelten, aber manche Pflanzenschutzmittel wurden auch erst aus dem Verkehr gezogen, nachdem neue Gesundheitsgefahren erwiesen waren. Da können also immer noch Überraschungen warten. Weil aber der Gatte und ich das unterschiedlich einschätzen, kaufen wir Obst und Gemüse mal bio und mal nicht, und seit drei Säcke Bio-Kartoffeln nacheinander etliche faule Exemplare enthielten, landen derzeit konventionelle Knollen in der Suppe.

„Regional" dagegen kaufen wir beide gern. Denn: Je kürzer die Anfahrt, desto weniger Spritverbrauch und Verkehr und desto frischer. Bringt der Landwirt seine Kohlrabi, Birnen und Gurken gleich auf den Markt, kann er sie voll ausreifen lassen. Und von meinem Einkauf profitieren die Höfe in der Umgebung. Als ich letzte Woche beim Obsthändler meines Vertrauens über das Schild „Flugmango" schmunzelte, weil es mich verdächtig an Flugenten erinnerte, war ich verblüfft über den kenntnisreichen Kurzvortrag, den er mir hielt: über den großen Unterschied zwischen eingeflogener Mango (durfte wegen der schnellen Reise am Baum noch ausreifen) und einer, die mehrere Wochen mit dem Schiff unterwegs war (und unreif gepflückt werden musste, um dann wochenlang gekühlt und schließlich zum Nachreifen gebracht zu werden). Über die Umweltbilanz wurden wir uns dann allerdings nicht mehr einig: „Die fliegen doch einfach im Frachtraum mit den normalen Passagieren mit, da geht nicht extra der Flieger!" – „Aber wenn wir jetzt alle nur noch Flugmangos wollen und andere lufttransportierte Fracht, braucht es eben doch mehr Luftverkehr und damit Kerosin!" Am Ende habe ich dann lieber Erdbeeren gekauft, es war schließlich Ende Mai.

Der regionale Einkauf auf dem Wochenmarkt oder im Hofladen kommt klimatechnisch gleich nach den Kartoffeln vom eigenen Acker. Es sei denn – Achtung, komplizierte Welt –, der Hofladen liegt so weit draußen, dass mein eigener Spritverbrauch die schöne Bilanz wieder zunichtemacht. Aber von solchen Unwägbarkeiten wollte ich mir meinen bewussten Einkauf ja nicht ausreden lassen.

Die Apfel-Verwirrung

Was mich allerdings doch umtreibt, ist die Frage nach den Äpfeln aus Deutschland und Neuseeland. Oder Chile, Südafrika und China. Äpfel hängen nur im Herbst an Bäumen, und da mag es noch so frühe und späte Sorten geben, irgendwann ist Schluss mit Ernten. Im November nämlich. Manche Sorten müssen noch nachreifen und sind erst im Januar genießbar. Spätestens dann aber kommen alle in große Kühlhäuser. Denn für die Kühlfässer, die man früher im Garten verbuddelte, um Obst und Gemüse ganz natürlich und stromfrei noch eine Weile frisch zu halten, gäbe es nirgends genug Platz. Immerhin knapp eine Million Tonnen Äpfel werden hierzulande jedes Jahr geerntet, die müssen irgendwo gelagert werden. Kühlhäuser aber brauchen Strom. Je länger mein Apfel nach der Ernte darin gelagert wurde, desto mehr Energie hat seine Lagerung verbraucht. Stellt sich die Frage, ob im März oder Mai dann nicht sein Pendant aus Neuseeland, der frisch geerntet mit dem Schiff kommt, umweltfreundlicher ist.

Als ich mich schlau mache, finde ich verschiedene Studien dazu. Die am häufigsten zitierte stammt von Dr. Michael Blanke, Agrarwissenschaftler an der Uni Bonn. Er ist nach Neuseeland geflogen, hat mitgezählt, wie viele Äpfel gepflückt werden, und berechnet, wie viel Energie für ihre Reise von der Plantage zum Hafen und über den Ozean nach Antwerpen und die Lastwagenfahrt in den deutschen Supermarkt verbraucht wird. Weil Apfelbäume klimabedingt in Neuseeland mehr Äpfel tragen, wird für die Ernte weniger Energie benötigt (zum Beispiel in Form von Benzin für den Trecker), dafür braucht der Schiffstransport dreimal so viel Energie wie eine im Schnitt 150 Tage lange Lagerung. Das überraschende Ergebnis: Am Ende ist der Ökovorsprung für ein Kilo deutscher Äpfel nur so hoch wie eine anderthalb Kilometer weite Autofahrt – also verschwindend gering, wenn man bedenkt, wie weit Neuseeland entfernt liegt. Heißt: Ob Schiffstransport und Kühlhaus fällt weniger ins Gewicht als die Tatsache, ob ich mit dem Auto oder dem Fahrrad zum Supermarkt gefahren bin. [19]

Die Verbraucherzentrale Bayern rät, bis zum Frühsommer heimische Bio-Äpfel zu kaufen und danach bis zur nächsten Ernte solche von der Südhalbkugel. Äpfel aus China sind übrigens nie sinnvoll. Die nämlich stammen von der Nordhalbkugel und werden damit zur selben Zeit geerntet wie hierzulande im Alten Land oder am Bodensee. Der bewusste Konsum kann knifflig sein. Aber ich habe es ja nicht anders gewollt.

Immerhin weiß ich jetzt, was ich tue: Von November bis April kaufe ich heimische Sorten, von Mai bis Juli essen wir Erdbeeren und Rhabarber – und wenn es Äpfel sein sollen, dann die von der Südhalbkugel. Und vor allem freue ich mich auf den Herbst, dann sind die Äpfel im Garten meiner Schwiegereltern reif: Alkmene und Schoopschnut, Seestermüher Zitronenapfel und Finkenwerder Herbstprinz wachsen da – allein ihrer Namen wegen sollten wir die alten Sorten erhalten. Neben den Elstars, Galas und Golden Delicious aus dem Supermarkt gibt es nämlich hunderte weitere Sorten mit Aromen von nussig bis zitronig. Meine Schwiegermutter verarbeitet sie zu köstlichem Apfelmus und Kuchen, dörrt sie in Ringen, lässt sie zu Saft pressen und natürlich essen wir sie alle auch direkt vom Baum.

Bananenbegeisterung

Während der Apfel hierzulande die Hitliste des heimischen Obstverzehrs anführt, ist für den Weltmarkt die Banane noch viel wichtiger. Und ihr Fall liegt noch mal anders als beim Apfel. Denn Bananen wachsen weder bei meinen Schwiegereltern im Garten noch sonst irgendwo auf der Nordhalbkugel, sondern in Ländern wie Ecuador, Costa Rica und Kolumbien. Im sogenannten „Bananengürtel" gedeihen diese Wunder an natürlicher Verpackungskunst am besten. Doch das sind gleichzeitig Gebiete, in denen die Armut groß und die Arbeitskraft billig ist. Rund vier Euro bekommen die Bananenpflücker für bis zu zwölf Stunden Arbeit. Mehr als die Grundversorgung mit Lebensmitteln ist da nicht drin. Zudem wachsen die Stauden in reinen Monokulturen mit vielen Pestiziden, gepflanzt vor allem für die drei großen Konzerne Chiquita, Dole und Del Monte. Die schaffen das Obst in unsere deutschen Supermärkte, zum Beispiel zu Aldi, wo wir ungefähr 1,30 Euro für das Kilo zahlen.

So weit, so konventionell. Und dann gibt es noch die Alternative. Denn 1998 landeten in einem Kühlschiff die ersten fair gehandelten Bananen am Hamburger Hafen. Wenn ich es freitags auf unseren gemütlichen Wochenmarkt schaffe, mache ich anschließend meist noch einen Abstecher in den Weltladen, wo immer auch ein Korb mit fair gehandelten Bananen steht. Bananen sind bei uns zu Hause ständig aufgegessen und wir brauchen eigentlich immer Nachschub. Als ich nachforsche, woher die fair gehandelten Bananen kommen, stoße ich auf die Produzentenorganisation Banelino in der Dominikanischen Republik. Seit 2001 produzieren die Bauern hier fair und bio. Und das hat viele Vorteile: Weil alles über eine faire Handelsorganisation läuft, brauchen sie keine Zwischenhändler – allein das steigert den Gewinn. Mit ihr haben sie langfristige Verträge geschlossen, das gibt ihnen Planungssicherheit für Investitionen in Produktion, Logistik und Infrastruktur. Pro Bananenkiste bekommen sie rund einen Dollar mehr als für konventionelle Bananen plus eine Prämie, die in genossenschaftliche Projekte fließen muss: Schulen zum Beispiel, weil die Bauern ihren Kindern die Möglichkeit verschaffen wollen, die ihnen verwehrt blieb – mehr zu erreichen, woanders zu arbeiten, zu studieren, sich eine bessere Zukunft zu schaffen.

Wenn man genau rechnet, kommt man darauf, dass die Käufer der fairen Bananen von Banelino die Lebensbedingungen von rund 6000 Menschen verbessern: über 340 Bauernfamilien und 1000 Arbeiter mit ihren Angehörigen. Sie verdienen mehr, können darauf hoffen, dass ihre Kinder mehr aus ihrem Leben machen, können sich eine gesündere Ernährung leisten, dürfen die Gesundheitsstation ihrer Genossenschaft nutzen, die von den Prämien errichtet wurde – und leben auch sonst gesünder. Denn durch den Bio-Anbau kommen weder Pestizide noch organischer Dünger zum Einsatz, gegen Fadenwürmer werden natürliche Fressfeinde eingesetzt, dem Unkraut rückt man mit der Machete zu Leibe.

Legt man faire und konventionelle Bananen nebeneinander, sehen beide total gleich aus. Das macht es so schwierig zu glauben, welch unterschiedliche Auswirkungen sie für ihre Bäuerinnen und Pflücker haben. Doch wenn all die Informationen stimmen, ist klar: Das hier bewirkt einen Unterschied. Und wie viel sinnvoller ist es, meinen Einkauf auf eine faire Basis zu stellen, um getane Arbeit angemessen zu entlohnen, als ein paar Euro zu spenden (was mir natürlich trotzdem unbenommen bleibt)! Denn für geleistete Arbeit angemessen entlohnt zu werden, bewahrt die Würde eines Menschen. Es ermöglicht ihm, seine von Gott geschenkten Fähigkeiten und Kräfte einzusetzen, für sich zu sorgen, produktiv zu sein und die Erfüllung zu erleben, die damit verbunden ist. Almosen haben natürlich genauso ihre Berechtigung – gerade in einer Weltlage mit Flüchtlingsströmen, Terrorkriegen, Hungerskatastrophen und Krisen allerorten. Für eine gerechtere Welt gedacht, ist es aber sinnvoller, fairer und anständiger, geleistete Arbeit so zu entlohnen, dass die Arbeiter davon leben können, als ihnen irgendwann Almosen zu überweisen, weil sie ihre Existenzgrundlage verloren haben, nachdem sie zum Leben nicht gereicht hat. Wer das Gefühl hat, für fair gehandelte Bananen und andere Waren nicht genug Geld zu haben, kann diese Mehrausgaben genauso als Spende denken wie andere Unterstützungen, finde ich. Denn trotz Weltläden bleibt das größte Problem der fairen Kleinbauernfamilien die Absatzmöglichkeit ihrer Bananen.

Doch statt sich für eine anständige Bezahlung einzusetzen und die Nachhaltigkeit zu verbessern, plant Aldi gerade, bei seinen Erzeugern in Südamerika die Preise weiter um 15 Prozent zu drücken.[20] Mit seiner großen Marktmacht sitzt der deutsche Discounter bei diesem schnell verderblichen Obst am längeren Hebel. Lidl dagegen geht einen ganz anderen Weg: Hier sind nicht nur alle Bio-Bananen schon Fairtrade-zertifiziert, sondern es wird gerade in allen Läden schrittweise auf ausschließlich Fairtrade-Bananen aus Kolumbien umgestellt. Wir haben die Wahl.

Links

Importverein: *banafair.de; oekofair.de; bit.ly/1Tf2Jkn*

Fairtrade: *bit.ly/2REsy5R*

06
MENSCHENFREUNDLICH

Anständig fairgnügt Kaffee trinken

„Liebe von uns zu verlangen ist grausam, aber sie ist die einzig mögliche Antwort überhaupt."
Dorothy Day

„Wer arbeitet, hat auch Lohn verdient."
1. Timotheus 5,18b, NLB

Ich liebe die Szene aus „Bruce Allmächtig", in der Jim Carrey als Bruce Nolan Gottes Job übernimmt und sich in dieser Rolle den Luxus gönnt, einen kolumbianischen Kaffeebauern an sein Fenster zu rufen, der ihm aus der Emaillekanne die frisch gebrühteste Tasse Kaffee der Filmgeschichte einschenkt. Der Kaffeebauer mit weißem Hut und Maultier Conchita ist Juan Valdez höchstpersönlich, eine Werbefigur aus den Sechzigerjahren, die damals in Fernsehspots zu sehen war und deren Pappaufsteller vor den Kaffeeregalen der US-Supermärkte stand. Die kolumbianische Coffee Federation, die eine halbe Million Bauern repräsentiert, soll laut New York Times für diesen Kurzauftritt ihrer Ikone 1,5 Millionen Dollar gezahlt haben – aber, hey, der Gag war brillant.

Hätte der überforderte Bruce zwischen seinen göttlichen Aufgaben Zeit gehabt, Juan Valdez auf seiner Kaffeeplantage zu besuchen, wäre er vielleicht auf einen Anblick wie diesen gestoßen: Bei feucht-warmem Klima stehen zahllose Sträucher mit glänzenden, dunkelgrünen Blättern in der Hügellandschaft. An ihren dünnen bräunlichen Zweigen wuchsen vor zehn Monaten noch Blüten, jetzt drängen sich knallrote Früchte darauf: die Kaffeekirschen. Mit großen Körben um den Bauch stehen die Pflücker in den mannshohen Pflanzen und ernten. Ist der Korb voll, liefern sie die Kaffeekirschen an Sammelstellen ab. Es muss schnell gehen: Die Früchte sind empfindlich und müssen eilig weiterverarbeitet werden. Sie dürfen nicht faulen, damit die beiden Samen in ihrem Inneren keinen Schaden nehmen.

Denn um genau die geht es hier – um die Kaffee „bohnen". Weil die bislang aber gut von Fruchtfleisch umhüllt sind, müssen sie erst einmal freigelegt werden. Je nachdem, ob die Plantage in trockenerem oder feuchterem Klima liegt, werden die Kaffeekirschen dafür unterschiedlich weiterverarbeitet. Entweder trocknet man die Kirschen erst mehrere Wochen lang, um sie anschließend zu schälen. Oder aber die Bohnen werden in großen Maschinen vom Fruchtfleisch gelöst und dann fermentiert. Dabei lösen sich die Rückstände des Fruchtschleims in einem Gärprozess durch eigene Enzyme im Kaffee. Anschließend werden die grünlichen Samen gewaschen und mehrere Tage lang auf riesigen Laken oder Zementböden getrocknet.

Bei Juan Valdez in Kolumbien wird erst geschält und dann maschinell getrocknet. Überall aber werden die Bohnen anschließend sortiert: Was unreif, überfermentiert, gebrochen oder schwarz ist, landet im Abfall. Weil man für die Röstung jeweils einheitliche Größen braucht, werden sie verlesen und dann in die berühmten groben Jutesäcke gepackt. Darin werden die Kaffeebohnen schließlich zum Hafen transportiert und nach Europa verschifft, wo verschiedene Sorten gemischt, geröstet, gemahlen und verpackt werden.

Ich war noch nie persönlich dabei, aber es steigert meine Wertschätzung enorm, Reportagen zu sehen, Artikel zu lesen und vom langen Weg und der harten Arbeit zu wissen, die in meine Tasse Kaffee geflossen sind. Früher war

Kaffee ein Luxusgut und ich persönlich will ihn bewusst als solches genießen.

Der Weg von der Plantage in meine Tasse

Rund 150 Liter trinkt jeder Deutsche durchschnittlich im Jahr, anderthalb Kaffeebecher pro Tag – und damit mehr als Wasser und Bier. Ich koche mir morgens mit meiner French Press eine zünftige Kanne, schlürfe sie halbverschlafen aus meiner rosa getöpferten Mädchentasse und zapfe mir nachmittags manchmal noch eine Tasse aus meiner Senseo-Maschine – ich liebe die schaumige Crema. (Am allerliebsten trinke ich natürlich einen Caffè Macchiato mit dem Gatten oder einer Freundin im Café, nur kommt das so selten vor, dass es nicht viel zu meinen 150 Litern beiträgt.) Ausnahmsweise finde ich das Thema Kaffee nicht sehr kompliziert: Ich kaufe konsequent fair gehandelten Bio-Kaffee und Pads von Gepa. Punkt.

Das hat für mich vor allem mit Menschenfreundlichkeit zu tun. Man könnte auch Anstand sagen. Anstand gegenüber den 25 Millionen Menschen weltweit nämlich, die ihr Geld mit der Kaffeeproduktion verdienen – und zwar überall dort, wo Sonnenscheindauer, Luftfeuchtigkeit, Regenmenge und Temperaturen stimmen. Denn Kaffeesträucher stellen spezielle Ansprüche und denen wird nur das Klima rund um den Äquator gerecht. Das sind vor allem Länder wie Brasilien und Kolumbien in Südamerika, Vietnam und Indonesien in Asien und in Afrika vor allem das Hochland in Äthiopien.

Kaffeebauern, Erntehelfer und ihre Familien finden im Kaffeeanbau ihre Lebensgrundlage – nach Rohöl ist Kaffee das wichtigste Handelsprodukt weltweit. Aber die Produktion und ihr Verkauf haben auch ihre großen Tücken. Auf ganz unterschiedlichen Ebenen.

Die wichtigste: Der Kaffeepreis schwankt. Konkret: Für ein Pfund Arabica-Kaffee wurde 1990 ein US-Dollar gezahlt – und sieben Jahre später mehr als das Dreifache. Nachdem er 2001 runter auf seinen bisherigen Tiefpunkt von etwa 42 US-Cent gesackt war, überstieg er im zweiten Quartal 2011 kurzzeitig die Drei-Dollar-Marke, nur um in den Jahren danach zwischen ein und zwei Dollar zu pendeln. Während ich diese Zeilen schreibe, steht er kurz über der kritischen Grenze von einem Dollar. Zwischen 42 Cent und drei Dollar kann also dieselbe Kaffeebäuerin für dieselbe Menge derselben Sorte Kaffee bekommen, ganz nach Laune des Weltmarktpreises. Das ist dasselbe, als würde meine Bäckerin für dasselbe Brötchen in einem Jahr 30 Cent und im anderen nur noch 4,2 Cent bekommen, einfach, weil das nun mal so ist. Manchmal reicht der Ertrag nicht zum Überleben.

Schuld sind mehrere Faktoren: Ist die Ernte gut, wie kürzlich in Brasilien, gibt es ein Überangebot und der Preis sinkt. Ist die Ernte durch Trockenheit oder Pilzbefall bedroht, steigt er. Trinken Peruaner, Äthiopier und Europäer mehr Kaffee, werden mehr Bohnen eingekauft und die Preise klettern in die Höhe. Diese Schwankungen locken zudem Spekulanten an, die an den Kaffeebörsen in London und New York auf 60-Kilo-Säcke setzen. Ungünstige Wechselkurse und neuartige Börsenwetten haben den aktuellen Preisverfall mitverschuldet. Effektivere Plantagen, Naturkatastrophen, Finanzjongleure – sie alle beeinflussen den Preis. Die Schwankungen sind für Bauern natürlich enorm problematisch: Sie können nicht planen. Können neue Sammelkörbe oder Sträucher gekauft und abbezahlt werden? Können die Kinder zur Schule gehen oder sollen sie mithelfen, Rücklagen aufzubauen? Wird die Farm im nächsten Jahr überhaupt Gewinne abwerfen? Und im übernächsten? Einmal im Jahr wird geerntet. Ist in diesem Jahr der Preis schlecht, können die Bauern ihre Kosten mitunter nicht einmal decken, ihre Kredite für Maschinen nicht abbezahlen, müssen ihr Land verkaufen und geraten in Armut.

Und Armut, das ist Gottes Thema. Rund 3150 Verse hat das Team der Micha-Initiative zu den Themen Armut und Gerechtigkeit in der Bibel gefunden und in der sogenannten „Gerechtigkeitsbibel" farbig markiert (was auf Dauer wahrscheinlich hilfreicher ist als die restlos zerfledderte Bibel des US-amerikanischen Christen und Aktivisten Jim Wallis, der diese Verse alle ausschnitt und damit ziemlich eindrücklich demonstrierte, dass Armut kein Randthema ist). Bei etwa 31 200 Bibelversen insgesamt handelt also jeder zehnte Vers davon. Das sind keine Peanuts. Gott setzt sich für Menschen ein, die in Not, arm und unterdrückt sind. In der Bibel klingt das nicht nach einem auch ganz netten Betätigungsfeld, sondern nach einer von Gottes Herzensangelegenheiten. Er kämpft, er ermahnt die Reichen, er wird ungehalten, wenn sie nichts gegen Armut tun. Genau genommen identifiziert er sich geradezu mit den Armen: „Wer den Armen unterdrückt, beleidigt seinen Schöpfer, wer aber dem Armen hilft, ehrt Gott", bringt der Vers aus den Sprüchen die Sache auf den Punkt (Sprüche 14,31 NLB).

Wenn mir Gott wichtig ist, und das ist er, bleibt mir also gar nichts anderes übrig, als meine Augen und mein Herz für Menschen zu öffnen, die wenig haben. Zumal Jesus in dasselbe Horn stößt. Seine allererste Predigt in der Öffentlichkeit, von der berichtet wird, steht unter dieser Überschrift. Als Zielgruppen für sein Wirken nennt er Arme, Gefangene, Blinde, Unterdrückte und mit einem Jesajazitat erklärt er: „Er hat mich gesalbt, um den Armen die gute Botschaft zu verkünden" (Lukas 4,18 NLB). Wem? Nicht den heidnischen Römern, nicht den frommen Schriftgelehrten – es sei denn, sie waren arm.

Wir sind Gott ähnlich, wie es auf den ersten Seiten der Bibel heißt. Und das gilt gerade nicht nur für uns gebildete, weiße Europäer, sondern eben auch für die pakistanische Näherin, für den achtjährigen Kakaopflücker an der Elfenbeinküste – und die brasilianische Kaffeebäuerin, die jedes Jahr neu bangen muss, ob die Zwischenhändlerin ihr genug Reais für ihre Kaffeekirschen zahlt.

Sich gegen Armut und für mehr soziale Gerechtigkeit zu engagieren, birgt der Bibel zufolge aber auch große Versprechen. Ich glaube, der Vergleich mit dem Garten macht diese Verse zu einem meiner Lieblingstexte zu diesem Thema: „Öffne dem Hungrigen dein Herz und hilf dem, der in Not ist. Dann wird dein Licht in der Dunkelheit aufleuchten und das, was dein Leben dunkel macht, wird hell wie der Mittag sein. Dann wird dich der Herr beständig leiten und dir selbst in Dürrezeiten innere Zufriedenheit bewahren. Er wird deinen Körper erfrischen, sodass du einem soeben bewässerten Garten gleichst" (Jesaja 58,10-11 NLB). Das Thema Armut spielt eine große Rolle beim Kaffeeanbau, deshalb finde ich es so wichtig, genauer hinzusehen.

Ein weiteres Problem der Kaffeeerzeugung: die Umweltschäden. Nicht alles war gut in der guten alten Zeit, manches aber doch. Ursprünglich nämlich wuchsen die Kaffeesträucher als Teil einer variantenreichen Flora. Am Rande der Felder standen hohe Bäume und spendeten Schatten, die roten Kirschen wuchsen in Waldgärten. Heute vergrößert man die Anbauflächen der Plantagen, rodet sämtliche Wälder rundum und es entstehen Kaffee-Monokulturen. Die Folge: Vögel finden keinen Platz zum Nisten und sterben aus, Schädlinge haben keine natürlichen Feinde und somit sind zu ihrer Bekämpfung noch mehr Pestizide nötig – in Brasilien allein jedes Jahr eine Million Tonnen. Die Schutzmaßnahmen für die Arbeiter lassen dabei oft zu wünschen übrig: Die Pflanzenschutzmittel werden ohne Schutzkleidung ausgebracht, wer nicht lesen kann, weiß nichts von den aufgedruckten Warnhinweisen und zudem sickert das Gift ins Grundwasser – und bedroht wiederum die Tierarten der Umgebung. Unterm Strich heißt das für die Menschen in den Anbauländern: gesundheitliche Probleme und eine Umwelt mit weniger Artenvielfalt, gestörtem Ökosystem und vergiftetem Grundwasser. Deshalb bio, finde ich, und deshalb fair trade.

Fair trade ist ein kleiner Schritt in Richtung gerechtere Weltordnung. Der Grundgedanke des fairen Kaffeehandels: Kleinbauern arbeiten nicht als Einzelkämpfer, die ihre Ernte an Zwischenhändler verkaufen, über die sie schließlich bei den großen Konzernen landet, die wiederum das große Geld machen. Sondern die Familien schließen sich zu Kooperativen zusammen. Sie teilen Maschinen, Infrastruktur, soziale und medizinische Einrichtungen und auch Knowhow miteinander. Die Kooperativen verpflichten sich dazu, bestimmte Standards einzuhalten, wie etwa ihren zusätzlichen Erntehelfern Mindestlöhne zu zahlen und Kinderarbeit auszuschließen. Die faire Handelsorganisation zahlt dafür erstens einen festen Mindestpreis, der die Kosten deckt und eben nicht schwankt. Liegt der Weltmarktpreis darüber, zahlt sie diesen. Zweitens bezahlt sie zusätzlich eine Prämie, die die Kooperative gemeinsam verwendet. Je nach Organisation muss diese Prämie in soziale Projekte wie Schulen oder Krankenstation fließen oder wird für Qualitätsverbesserung und Infrastruktur eingesetzt. In manchen Organisationen gibt es zudem Hilfsfonds für Ernteausfälle durch Naturkatastrophen, man unterstützt die Bauern bei bürokratischen Formalitäten und schult sie intensiv in Sachen Qualitätsverbesserung und Erntesteigerung.

Nicht jeder fair gehandelte Kaffee wird auch nach Bio-Richtlinien angebaut – und umgekehrt. Deshalb achte ich auf Siegel für beides. Plantagenbesitzer, die auf Ökolandbau umstellen, nutzen beispielsweise organischen Dünger, pflanzen Schattenbäume, legen die Plantage terrassenförmig an, sodass Regenwasser nicht so schnell abfließt. Auch für Bio-Qualität erhalten sie einen Aufschlag, bei „Transfair" beispielsweise derzeit 30 US-Cents pro Pfund.

Für ein bisschen mehr Gerechtigkeit

Organisationen, die ausschließlich fairen Handel betreiben, gibt es mehrere, die bekanntesten hierzulande sind Gepa, dwp und El Puente. Als eine der ersten wurde die Gepa 1975 ursprünglich als „Gesellschaft zur Förderung der Partnerschaft mit der Dritten Welt" gegründet. Wenn man die Firmenzentrale am östlichen Stadtrand von Wuppertal finden will, hat das Navi ein bisschen zu tun. Selbst als Eingeborene verpasse ich fast den Abzweig, dann muss ich mich noch die kleine Straße hochschlängeln. Oben liegt eine zweckmäßige Halle im Grünen mit großem Parkplatz davor. Auch innen kein Chic, die nüchterne Ladenhalle erinnert eher an Fabrikverkauf als an Flagshipstore. Man will bescheiden auftreten, hier geht es nicht um die Darstellung eigener Erfolge, sondern um die vielen Kleinbauern in aller Welt, die seit 40 Jahren von höheren Preisen, Prämien, Beratung und Unterstützung durch die Gepa profitieren.

Ich bilde mir gern ein, ich hätte meine Leidenschaft für fairen Handel schon mit meiner Heimatluft eingeatmet, weil die Gepa dort ihren Sitz hat, aber vielleicht ist das Quatsch. Immerhin erinnere ich mich schon in meiner Schulzeit an handgemalte Banner der höheren Schuljahrgänge im altehrwürdigen Treppenaufgang unseres Gymnasiums und an einen Stand, an dem sie über faire Bananen und Kaffee informierten. Nicaragua sagte mir damals zwar nix, aber der vage Gedanke, mit meinem Einkauf das Leben von Menschen zu verändern, faszinierte mich bereits. Heute weiß ich: Nica-Kaffee war damals quasi der Beginn des fairen Kaffeehandels. Man wollte das Volk in Nicaragua in seinem Kampf gegen den Diktator Anastasio Somoza und nach der Revolution im Juli 1979 beim Aufbau des Landes unterstützen. Eins der wichtigsten Exportprodukte war der Kaffee – und man kaufte ihn aus Solidarität.

Traut man den Aussagen damaliger Kaffeetrinker, hielt sich sein Genuss allerdings in engen Grenzen. Was wohl vor allem daran lag, dass man wegen der unterschiedlichen Geschmacksnoten typischerweise verschiedene Kaffeesorten mischt. Nicaraguanischer Kaffee hat einen hohen Säuregehalt und braucht für einen vollmundigen

Genuss die Ergänzung anderer Aromen. Man wollte ja aber Nicaragua unterstützen und mischte nicht. Im Lauf der Jahre wurde der Kaffee dann beständig noch schlechter, weil der Qualitätskaffee über andere Kanäle verkauft wurde und die solidarischen Kaffeetrinker den üblen Rest bekamen. Auch die Gepa importierte diesen Kaffee – handelte sich damit allerdings einen so schlechten Ruf ein, dass sie Anfang der Neunzigerjahre einen Kaffeespezialisten anheuerte, um das Genusserlebnis zu steigern.

Man begann, den gesamten Prozess der Kaffeeproduktion zu verbessern. Denn die politische Motivation bei Konsumenten ist begrenzt. Wer will schon auf Dauer bittersauren Kaffee trinken? Zumal diese Käufergruppe noch klein war. Wird der Kaffee jedoch vom Geschmack her konkurrenzfähig, hat er die Chance, sich auch weniger ideologische Käuferschichten zu erobern.

Inzwischen hat die Gepa über 40 Jahre Erfahrung mit fairem Handel und 2017 einen Umsatz von 72 Millionen Euro eingefahren, davon 31 Millionen allein mit fair gehandeltem Kaffee. Den gibt es mittlerweile nicht nur in Weltläden, sondern auch in Supermärkten und Bio-Läden, im Betriebsrestaurant von VW und bei Länderspielen des DFB. Wer in seiner Firma auf Gepa-Kaffee umstellen will, findet Ansprechpartner, die vorbeikommen und beraten und bei Interesse auch kleine Snackbars und Geschirr mitliefern. Der Vertrieb ist professionell und auch die Verpackungen präsentieren sich frisch, ganz ohne solidarischen

Latzhosen-Look. Nur hip und jung gibt man sich dennoch nicht – was wahrscheinlich klug ist, um nicht allein auf die Szene-Kundschaft zu setzen.

Gepa punktet mit Vertrauen. Eine Organisation, hinter der kirchliche Organisationen wie Misereor und Brot für die Welt mit ihren eigenen Kontakten in die Zwei-Drittel-Welt stehen, genießt eine hohe Glaubwürdigkeit bei der Frage, wie man ethisch einwandfreier einkauft. Die möchte man auch nicht verspielen: „Anders als beim nach Fairtrade-Kriterien möglichen ‚Mengenausgleich' erwarten Verbraucherinnen und Verbraucher von Gepa-Produkten, dass die fairen Handelszutaten im Produkt physisch enthalten sind, die draufstehen", formuliert Gepa-Geschäftsführer Robin Roth etwas sperrig. Gemeint ist, dass in der Nussschokolade tatsächlich genau die nach fairen Kriterien gehandelte Kakaobohnen und Nüsse enthalten sind, die angegeben sind. In der Schokolade mit dem runden schwarz-blau-grünen „Fairtrade"-Siegel dagegen dürfen auch nicht fair gehandelte Kakaobohnen verarbeitet sein – Hauptsache, unterm Strich stimmt die Menge an fair gehandeltem Kakao.

Einkaufen mit gutem Gewissen

Das bekannte Fairtrade-Siegel wird von dem Verein TransFair e. V. verliehen. Er wurde 1992 von Organisationen wie Brot für die Welt, den Kirchen und der Entwicklungspolitik initiiert, damit Verbraucher faire Produkte nicht nur in Weltläden bekommen, sondern „in ihren Einkaufsalltag integrieren können", sagt TransFair-Geschäftsführer Dieter Overath. Anders als etwa die Gepa handelt TrainsFair nicht selbst mit Produkten, sondern zeichnet Waren mit dem Fairtrade-Siegel aus, das mittlerweile auch international anerkannt ist. Beim Kaffee etwa läuft das so ab, dass sich eine Kooperative anmeldet und mehrere tausend Euro Gebühren für die Aufnahme und die erste Überprüfung bezahlt. Dabei wird kontrolliert, ob sie die festgelegten Standards einhält: Die Kooperative muss beispielsweise demokratisch organisiert sein mit gleichem Stimmrecht für alle, bestimmte Chemikalien dürfen nicht verwendet werden, ausbeuterische Kinderarbeit ist verboten. Manchmal wird nachgebessert und anschließend offiziell das Fairtrade-Siegel verliehen.

Mehr als 40 000 Läden führen deutschlandweit gesiegelte Produkte wie Kaffee, Schokolade, Rosen, Fußbälle oder auch Pflegecremes mit fair gehandelter Shea-Butter. Im Jahr 2015 haben Verbraucher weltweit für über eine Billiarde Euro Produkte mit dem Fairtrade-Siegel gekauft – und damit 14 Prozent mehr als im Jahr zuvor. Über 1,65 Millionen Bäuerinnen, Bauern und Arbeitskräfte gehören fairtrade-zertifizierten Organisationen in 74 Ländern an. Ein erklärtes Ziel des Siegels ist die Bekämpfung der Armut von Kleinproduzenten, die allzu leicht zum Spielball von Zwischenhändlern und Großkonzernen werden. Wenn sie sich zusammenschließen und einen direkten Zugang zum Markt finden, bleibt mehr Profit bei ihnen hängen. Zudem können Bauern in ihrer Kooperative ihre

Zukunft selbst anpacken und ihr Umfeld konkret mitgestalten, werden eigenverantwortliche Mitbestimmer und Miteigentümer der Maschinen und anderer Gemeinschaftsgüter. Kaffee-Großplantagen können deshalb das Fairtrade-Siegel gar nicht erhalten (bei anderen Waren liegt die Sache anders). Das Konzept der Kooperativen, zu denen die Kleinbauern sich zusammenschließen, statt an Zwischenhändler zu liefern, ist für den Fairtrade-Gedanken mindestens genauso wichtig wie der garantierte Mindestpreis, mit dem die Bauern planen können. Dieser Mindestpreis, der auf jeden Fall gezahlt wird, egal wo die Weltmarktpreise gerade pendeln, liegt fest bei 1,40 US-Dollar pro Pfund, aktuell also umgerechnet etwa 2,70 Euro pro Kilo. Hinzukommt eine Fairtrade-Prämie von 0,20 US-Dollar (umgerechnet 0,37 Euro pro Kilo), die die Kooperative für soziale Projekte, Infrastruktur, Qualitäts- und Produktivitätssteigerung einsetzen muss. Beim aktuell niedrigen Weltmarktpreis von etwa einem US-Dollar bekommen die Kleinbauern also rund 0,60 US-Dollar mehr als ihre nicht gesiegelte Konkurrenz pro Pfund Rohkaffee, das sind immerhin 1,14 Euro pro Kilo. In Jahren, in denen der Weltmarktpreis über dem Mindestpreis liegt, bekommen die Kooperativen natürlich nicht nur den Mindest-, sondern den höheren Weltmarktpreis plus immer auch die Fairtrade-Prämie, die in solchen Jahren die höheren Anforderungen und Kosten ausgleicht. Wegen dieser Preisstruktur wird das Fairtrade-Siegel manchmal kritisiert. Wenn beispielsweise bei Lidl das Kilo Fairtrade-Kaffee mehr als fünf Euro teurer ist als anderer Kaffee[21], die Kooperative aber bei hohen Kaffeepreisen nur ihre 0,37 Euro Prämie (siehe oben) mehr bekommt, fließt der Rest woandershin: zum Importeur, zum Händler und zur Zertifizierungsgesellschaft. Durch die kleineren Mengen beim Fairtrade-Kaffee sind Verpackung und Vertrieb teurer, aber dass auch am fairen Gedanken mitverdient wird, ist nicht auszuschließen. Auch das Siegel selbst hat seinen Preis. Die Zertifizierungsgesellschaft muss ihre Kontrolleure, Materialien und Infrastruktur zahlen. Dafür hat sie den fairen Handel aber auch aus den politisch interessierten Kreisen ins allgemeine Bewusstsein gebracht. Dass Lidl überhaupt Fairtrade-Kaffee führt, ist nicht zuletzt einem Siegel zu verdanken, das weithin bekannt und vertrauenswürdig ist. Wer nicht die Zeit und Lust hat, sich ausführlicher mit fairem Handel zu beschäftigen, hat hier die Chance, bewusst Kleinbauern zu unterstützen, die Mindestpreise und Prämien bekommen – statt beispielsweise blind den Kaffee von den Großplantagen großer Konzerne zu kaufen. Der Aufbau einer verlässlichen Kontrollstruktur der Zertifizierungsgesellschaft und auch Werbung und Lobbyarbeit für den fairen Handel kosten aber nun einmal. Für gewichtigere Veränderungen im Welthandel ist es nötig, eine breite Schicht von Konsumenten zu gewinnen – und dazu hat das Fairtrade-Siegel ganz sicher beigetragen.

Angezweifelt wird zuweilen die Qualität von fairem Kaffee. Die Kooperativen verkaufen ihn an Firmen, die den

Fairtrade-Aufschlag zahlen und das Siegel dann auf ihre Packung drucken dürfen. Sie können aber häufig nicht ihre gesamte Ernte zum Fairtrade-Preis vermarkten, weil es nicht genügend Abnehmer dafür gibt. Daher müssen sie immer auch andere Käufer finden. Welche Bohnen werden sie dafür aussuchen? Natürlich ihre allerbesten. Denn für eine besonders gute Qualität können sie zum Teil sogar Preise weit oberhalb des Weltmarktpreises erzielen – gerade in Zeiten, in denen Kaffeespezialitäten aus kleinen Röstereien zur Lifestyleware avancieren. Heißt umgekehrt: Die besten Bohnen landen dann nicht im Fairtrade-Kaffee. Zudem wird kritisiert, dass die Fairtrade-Prämie mitunter dafür sorgt, dass mittelprächtig geeignete Kaffeestandorte künstlich gefördert werden, obwohl derselbe Kaffee woanders viel besser angebaut werden kann, weil der Boden fruchtbarer, das Klima günstiger oder die Kaffeebohnen hochwertiger sind.

Das will das jüngere, szenige Label Coffee Circle aus Berlin ändern. Es wirbt mit hipper Website und schlicht-edlem Design für besonders hochwertigen Kaffee aus Äthiopien. Auch Coffee Circle kauft den Kaffee direkt bei Kooperativen vor Ort, die biologisch und nachhaltig, ohne Chemie und Düngemittel und in Mischkulturen ihren Kaffee anbauen und von Hand pflücken. Für diesen Extraaufwand zahlt Coffee Circle nach eigenen Aussagen hohe Preise – und verlangt sie auch von seinen Kunden: Das Kilo Kaffeebohnen ist hier ab 25,43 Euro zu haben und somit die faire Alternative für den Kaffeegourmet.

Ein Euro davon landet bei Projekten für die äthiopischen Bauern, die vom Team direkt mitbegleitet werden.

Ein Siegel führt Coffee Circle nicht, die Berliner haben sich für die Variante entschieden, die gern als „Direct Trade" und Alternative zu Fairtrade bezeichnet wird, aber nach ähnlichen Prinzipien funktioniert: Man zahlt Kleinbauernkooperativen faire Preise. Ohne Siegel muss der Kunde jedoch darauf vertrauen, dass stimmt, was Coffee Circle veröffentlicht. Unabhängig kontrolliert wird nicht. Zudem zahlt Coffee Circle weder Mindestpreise noch wird die Ernte vorfinanziert, was „Öko-Test" in einem umfangreichen Test verschiedener Siegel rund um den Fairen Handel im Juli 2012 bemängelte.[22]

Was genau „fair" eigentlich bedeutet, steht allerdings gar nicht fest, sondern wird unterschiedlich definiert. Für den Öko-Test wurden an die zu überprüfenden Label vier Kriterien angesetzt:

- Werden den Produzenten Mindestpreise gezahlt?
- Werden den Arbeitern Mindestlöhne gezahlt?
- Wird die Produktion vorfinanziert, damit Erzeuger keine Wucherkredite aufnehmen müssen?
- Werden die Normen der UN-Arbeitsorganisation ILO, die beispielsweise Kinder- und Sklavenarbeit verbieten, eingehalten?

Am besten schnitten dabei Fairtrade und Gepa ab. Schwer kritisiert dagegen wurden Rainforest Alliance Certified und UTZ Certified, deren Logos ebenfalls häufig auf Kaffeepackungen kleben. Die Rainforest Alliance ist eine US-amerikanische Umweltorganisation, die vor allem für Arbeiterschutz steht und einige ökologische Kriterien ansetzt wie etwa den Gewässerschutz. Dabei liegt sie aber deutlich unter dem europäischen Bio-Siegel. Die Standards mögen besser sein als nichts. Aber es gibt mindestens deutlich Luft nach oben.[23]

Das Label UTZ Certified gilt als industrienah und muss sich immer wieder vorwerfen lassen, „Greenwashing" zu betreiben, also Produkte durch lediglich kleine Verbesserungen als nachhaltig zu vermarkten. Mindestpreise und Vorfinanzierung gibt es hier nicht.

Schlusslicht der „Öko-Test"-Studie ist die 4C Association der Kaffeeindustrie, deren Verhaltenskodex im Jahr 2007 von Gepa, El Puente, Naturland und der dwp in einem gemeinsamen Papier kritisiert wurde. Sie ziehen das Fazit: „Die Kaffeeindustrie geht mit 4C letztlich keinerlei Verpflichtungen ein, und große Kosten entstehen ihr durch die 4C-Initiative auch nicht."[24]

Fair im Alltag

Da ich bei unserem reichhaltigen Supermarktangebot die Wahl habe, kaufe ich Kaffee also wann immer möglich bei rein fairen Handelshäusern, weil hier tatsächlich das

Wohl der Bauern im Vordergrund steht und die unmittelbare Beziehung zu den Projekten vor Ort am größten scheint. Nach unserem Entschluss entdeckt der Gatte – stets erfolgreicher Schnäppchenjäger –, dass es für Gepa-Kaffee Spar-Abos bei Amazon gibt. Praktisch. Die neue Lieferung – zwei Päckchen Kaffee und fünf Tüten Pads – kommt automatisch nach vier Wochen oder lässt sich jederzeit verschieben. Mehrfach liegt die Vakuumverpackung leider beschädigt im Karton, aber Amazon schickt jedes Mal unkompliziert und schnell Ersatz. Nur will ich irgendwann nicht mehr bei Amazon einkaufen (dazu später mehr). Also kündigen wir unser Abo wieder und ich nehme mir vor, regelmäßig unserem Weltladen in der Fußgängerzone einen Besuch abzustatten und da die fair gehandelten Produkte zu kaufen, die wir regelmäßig verbrauchen: Kaffee, Kakao, Kokosmilch, Bananen, getrocknete Mango, Currypaste und Cashewkerne.

Reis würde auch dazugehören, aber ehrlich gesagt schlugen unsere bisherigen Versuche mit Reis aus dem Weltladen fehl: strikte Essensverweigerung beim Nachwuchs, verkniffene Gesichter bei uns. Wir bleiben dran. Dafür haben wir gestern die Kokosmilch aus dem Weltladen in meinem Lieblingsgericht verbraucht – vegetarisches Curry mit viel Gemüse und Cashewkernen. Leider habe ich die falsche Paste erwischt und das Curry war so scharf, dass selbst Joghurt und viel Wasser kaum halfen. Aber die türkis-gelbe Konservendose der Kokosmilch steht noch vor mir auf dem Schreibtisch, weil mich interessiert hat, woher der Kokos stammte, und netterweise manches Informative daraufgedruckt war: Kleinbauernfamilien der Ban Krut Organic Development Group im Süden Thailands haben die Nüsse gepflückt. Im Internet erfahre ich noch mehr: Der Green Net Kooperative gehören über tausend Kleinbauern an und ihr Ziel ist, vor allem Reis und Kokosnüsse aus der Region unter fairen Bedingungen zu vermarkten. Meine Kokosmilch stammt also aus der Nähe eines von tropischem Regenwald umgebenen Fischerdorfs am Golf von Thailand, wo Kokosmilch gewonnen und Kokosöl produziert wird.

Angesichts der Idylle, die meine Fantasie sofort vor meinem inneren Auge entstehen lässt, als ich all das lese, muss ich schmunzeln. Als kritische Deutsche, die ich bin, muss ich nicht nur hoffen, dass alles stimmt, was die firmeneigenen Infos besagen, sondern auch meine eigenen idealisierten Vorstellungen zügeln. Aber, immerhin, das schafft der faire Handel: Mein Bezug zu den Produkten wird größer. Plötzlich kommen Waren nicht einfach nur aus dem Supermarkt, sondern ich weiß von der mühsamen Ernte roter Kaffeekirschen und freue mich, dass thailändische Kleinbauern aus einem gut zehntausend Kilometer entfernten Dorf eine Möglichkeit gefunden haben, auf meinem Küchentisch in Hamburg zu landen. Und wieder einmal wird mir dabei klar, dass es um Menschen geht. Immer um Menschen. Je mehr ich mich für ihre Produkte interessiere, desto mehr kann ich ihre Arbeit schätzen. Ich finde den fairen Handel darum so charmant, weil er eben keine Almosen verteilt, sondern geleistete Arbeit anständig bezahlt. Das lässt den Menschen ihre Würde, macht nicht abhängig oder verpflichtet zur Dankbarkeit den reichen Spendern gegenüber, sondern ermöglicht ihnen, innerhalb all ihrer Möglichkeiten frei zu handeln.

Zumindest ein Anfang

Fairer Handel ist nur ein Schritt, auch das ist klar. Mein kleiner Beitrag, wie die große Welt gerechter wird. Es ginge natürlich vieles noch viel besser im Welthandel. Denn das große Geld wird wieder einmal in den reichen Ländern gemacht. Die armen Länder liefen die Rohware, die Industrienationen veredeln sie. Die Wertschöpfungskette beim Kaffee zum Beispiel hat ihren Schwerpunkt bei uns. In Übersee werden die roten Kaffeekirschen gepflückt, zu Spottbilliglöhnen im Vergleich zu den Löhnen bei uns. Das große Geld verdienen jedoch die Konzerne, die den Kaffee rösten. Hierzulande teilen sich fünf Firmen 80 Prozent vom Kaffeekuchen: Tchibo, Jacobs, Dallmayr, Melitta und Aldi. Sie rösten, verpacken und machen aus derzeit etwa 1,93 Euro pro Kilo grünen Kaffeebohnen über 13 Euro für ein Kilo Kaffeepads – und in Kapseln kostet er locker 40 Euro, Nespresso-Kapseln sogar 80 bis 120 Euro pro Kilo (80 Euro! Kein Kapselmaschinenbesitzer kann sich rausreden, er könne sich Fairtrade-Kaffee nicht leisten. Da nehmen sich die 15 Euro für mein Kilo Gepa-Kaffee im Vergleich doch äußerst bescheiden aus. Und über den Berg aus Kapselmüll müssten wir auch dringend reden.)

Am fairsten wäre es, wenn die Wertschöpfungskette neu gestaltet würde und mehr Geld in den Anbauländern hängen bliebe und nicht in den Röstereien hierzulande. Aber das ist einfacher gesagt als umgesetzt – gerade bei Kaffee. Eine Schwierigkeit ist die Frische. Der Schiffscontainer aus Übersee ist allein mehrere Wochen bis zum Hamburger Hafen unterwegs. Und damit er voll wird, müssen große Mengen produziert werden, nämlich pro Container 18 Tonnen. Kaffee oxidiert und verliert schnell sein Aroma. Nur Vakuum-Verpackungen können den vollen Geschmack erhalten. Dafür aber sind teure Maschinen nötig. Ein kleines Start-up-Unternehmen im Ursprungsland könnte sich weder die teuren Verpackungsmaschinen leisten noch so viel produzieren, dass sich der Transport lohnt. Außerdem braucht ein geschmackvoller Kaffee die Mischung aus verschiedenen Sorten mit unterschiedlichem Säuregehalt. Nicht nur die ganze Infrastruktur und Lieferkette aufzubauen, ist kompliziert, es fallen auch noch Zölle an. Rohkaffee darf immer zollfrei in die EU geliefert werden. Für gerösteten Kaffee dagegen wird meist Zoll fällig, nur die wenigsten Länder sind davon befreit.[25] Hinzu kommen Liefernachweise und anderer Papierkram, damit Waren in die EU ausgeführt werden können. Auch das ist eine Hürde für jeden angehenden Kaffeeröster.

Die fairen Handelshäuser denken schon lange in diese Richtung. Viele Gepa-Produkte etwa werden bereits im Ursprungsland verarbeitet und verpackt. Die Partnerkooperative Kagera in Tansania stellt seit vielen Jahren schon selbst Instant-Kaffee her. Die Gewinne aus dem fairen Handel haben die Anschaffung eigener Verarbeitungsanlagen ermöglicht. Auch eine Röstung in Costa Rica wurde schon ausprobiert, scheiterte damals an der Qualität und daran, dass die in Deutschland geforderte umweltfreundliche Verpackung ohne Alufolie nicht gewährleistet werden konnte. In einem neuen Anlauf hat die Gepa Ende 2018 Kaffee vorgestellt, der nicht nur in Honduras und Guatemala geerntet, sondern gleich vor Ort auch geröstet und verpackt wird. Dadurch entstehen zugleich qualifiziertere Jobs: Verpacker und Rösterinnen können drei- bis sechsmal mehr verdienen als Kaffeepflücker.

Zudem hat die Gepa in einigen Genossenschaften Kaffeemaschinen finanziert und beim Kauf von Röstern beraten, mit dem Ziel, den Eigenbedarf in den Anbauländern zu erhöhen. Der Verkauf im eigenen Land bedeutet Unabhängigkeit vom Exportmarkt. Und mehr Abnehmer bedeuten einen stabileren Absatz. Wenn afrikanische und lateinamerikanische Röstereien jetzt für den eigenen Markt produzieren, für den keine langen Transportwege anfallen, und wenn gerösteter Kaffee in Kolumbien direkt auf dem Markt verkauft und in Cafés ausgeschenkt wird, dann wird Kaffee nicht nur knapper und die Preise höher, dann können vor allem die kleinen Unternehmen mit Verarbeitung und Qualität experimentieren – und sammeln Kapital und Expertise für den Export. Wenn es so weit ist, brauchen sie Mitstreiter hier, die ihren Kaffee kaufen – und sich dafür einsetzen, dass er zollfrei eingeführt werden darf.

Das tut zum Beispiel das Forum Fairer Handel. In seinen „10 Forderungen an den Welthandel" kämpft es auch gegen Zölle. Denn durch sie werden die Anbauländer benachteiligt. Zollfrei darf nur Rohkaffee eingeführt werden. Das Fair Trade Advocacy Office (zu Deutsch etwa: Interessenvertretung für fairen Handel), betreibt deshalb in Brüssel Lobbyarbeit, indem es politische Entwicklungen verfolgt, Positionspapiere verfasst, Kontakte zu EU-Abgeordneten aufbaut und auf unterschiedlichen Ebenen für den fairen Handel wirbt. Die Micha-Initiative begeistert seit 2006 Christen und Gemeinden in Deutschland dafür, sich für globale Gerechtigkeit einzusetzen. Jedes Jahr im Oktober startet die Micha-Initiative eine Kampagne mit Aktionswoche, etwa zum Thema Rohstoffe oder faire Kleidung. Außerdem wurde der „Just People?"-Kurs entwickelt, den bislang etwa 5000 Menschen belegt haben und der sich um theologische und ganz praktische Fragen zu Glaube, Lebensstil und Politik dreht. Die Themen Gerechtigkeit und Armutsbekämpfung sollen sowohl im persönlichen Leben und Glauben eine Rolle spielen als auch in den größeren Zusammenhang der Politik getragen werden. An 16 Orten treffen sich mittlerweile Lokalgruppen, um Veranstaltungen zu organisieren, Projekte zu entwickeln und mit Politikern über diese Themen zu sprechen. Die Marburger Micha-Gruppe hat 2012 eine Petition gestartet, mit der sie Ferrero aufgerufen hat, für Nutella fair gehandelten Kakao zu verarbeiten – was mindestens ein weiterer Tropfen war, der dazu führte, dass Ferrero zwischen 2016 und 2019 für seine Produkte auch 40 000 Tonnen mit Fairtrade-Siegel zertifizierten Kakao und 20 000 Tonnen Fairtrade-Rohrzucker einkauft und verarbeitet. Das ist aufs Jahr gerechnet nur etwa ein Neuntel der Menge, die Ferrero an Kakaobohnen bezieht, aber das Unternehmen plant, den Einkauf fairer Rohstoffe weiter zu steigern.[26]

Alles nicht so einfach

Am liebsten würde ich natürlich meinen fair gehandelten Kaffee gar nicht im Weltladen kaufen – wobei ich die engagierten Damen und Herren, die ihn betreiben, sehr mag und gerne unterstütze. Aber idealerweise sollte jeder x-beliebige Kaffee im Supermarkt in jeglicher Hinsicht für Menschen und Umwelt fair hergestellt sein. Und es scheint auch tatsächlich einiges in Bewegung zu sein auf den Regalen. Laut eigener Website hat zum Beispiel Tchibo es sich zum Ziel gesetzt „bald nur noch nachhaltige Kaffees anzubieten". Das allerdings ist dort schon seit mehreren Jahren zu lesen – und trotzdem tragen bisher nur zwei Sorten das Fairtrade-Siegel. Warum?

Bei Gepa sieht man diese Entwicklung ohnehin eher kritisch. „Wir begrüßen es, wenn auch die großen Player verstärkt Produkte aus Fairem Handel anbieten möchten", lobt Anne Bien aus der Gepa-Pressestelle. „Dies birgt jedoch die Gefahr, dass sie den Fairen Handel verändern und nicht andersherum." Meint: Um der Gewinne willen werden Strategien und Strukturen auch gern mal der Industrie angepasst, statt tatsächlich die Handelsbedingungen für die Menschen vor Ort zum Besseren zu wenden.

„Absatz um jeden Preis ist keine nachhaltige Lösung für die Produzentinnen und Produzenten", gibt Anne Bien zu bedenken.

Gut finde ich die vielen unterschiedlichen Bemühungen, die Menschen, die unsere Waren herstellen, im Blick zu behalten und fair zu behandeln. Zielgruppe und Vorgehen der fairen Handelshäuser wie Gepa, dwp und El Puente unterscheiden sich von denen der Zertifizierungsgesellschaften. Die einen schaffen als Importeure durch den direkten Kontakt sowohl zu Produzenten als auch zu Verbrauchern möglichst vorbildliche Bedingungen im gesamten Handel und bauen diese Nische weiter aus. Ihre hohen Standards setzen Maßstäbe im fairen Markt. Transfair und andere dagegen richten sich an den Mainstream und versuchen, dort etwas zu bewegen. Mit zuweilen niedrigeren Standards, aber vielleicht durch direkte Absprachen mit der Industrie auch mit für deren große Mengen umsetzbaren Vorgaben.

Ich persönlich habe das Gefühl, mit meinen zusätzlichen Euros am meisten durch die Produkte der fairen Handelshäuser zu bewirken. Hier kommen langjähriges Knowhow, direkter Kontakt zu den Menschen, um die es geht, und ehrgeizige Bemühungen zusammen. Aber auch die Zertifizierungssysteme und Bemühungen der Industrie finde ich lobenswert – je mehr, desto besser, um dem Ziel einer gerechteren Welt näher zu kommen, in der nicht die einen pflücken und hungern und die anderen verdienen oder billig kaufen.

Links

Faire Handelsorganisationen: *gepa.de; el-puente.de; weltpartner.de*

Infos zu Weltläden: *weltlaeden.de; fairerhandel-aktuell.de*

Marktplatz für nachhaltige Produkte: *avocadostore.de*

Micha-Initiative

Die Micha-Initiative ist in mehr als vierzig Ländern und seit 2006 auch in Deutschland aktiv. Ursprünglich ging es den Verantwortlichen hauptsächlich um die sogenannten *Millenniumsziele* der Vereinten Nationen, die vor allem die Halbierung extremer Armut bis 2015 vorsahen. Heute stehen die *Nachhaltigkeitsziele* der Vereinten Nationen im Mittelpunkt. Bis 2030 soll die Armut weltweit beseitigt werden. Dafür will die Micha-Initiative gerade engagierte Christen begeistern, weil Gerechtigkeit auch eines von Gottes zentralen Anliegen ist. Dabei werden die von Armut betroffenen Menschen bewusst nicht als Objekte christlicher Wohltätigkeit gesehen, sondern als Gegenüber, die es zufällig deutlich schwerer im Leben haben. An ihrer Seite will man sich für Bedingungen einsetzen, die ihnen ein menschenwürdigeres Leben ermöglichen, aber auch von ihnen lernen. Die Micha-Initiative ist in mehreren Lokalgruppen organisiert, veranstaltet Vernetzungstreffen, Aktionswochen und beteiligt sich an wichtigen Konferenzen. Anfang 2014 wurde allen Bundestagsabgeordneten eine Gerechtigkeitsbibel geschenkt, in der alle Verse, in denen es um Armut und Gerechtigkeit geht, farblich hervorgehoben sind. Für diese Aktion gab es Unterstützer aus allen Fraktionen.

Weitere Infos: www.micha-initiative.de

07
SCHÖNHEIT

Grüne Anziehungskraft

„Kaufe weniger, kaufe weise
und trage es lange.
Noch besser: Kaufe gar nichts."
Vivienne Westwood, britische Modedesignerin

„Sie fürchtet den Winter für ihre Familie nicht, denn alle
haben warme Kleidung. Sie näht ihre Decken selbst. Sie
kleidet sich in Gewändern aus feinstem Tuch.
Kostbare Hemden und Gürtel stellt sie her, die sie dem
Händler verkauft. Sie strahlt Kraft und Würde aus, und
sie lacht und hat keine Angst vor dem kommenden Tag.
Anmut betrügt und Schönheit vergeht, aber eine Frau, die
Ehrfurcht hat vor dem Herrn, soll gelobt werden."
Sprüche 31,21-22.24-25.30 NLB

Heute war ich im Secondhandshop. In unserem Stadtteil gibt es mehrere, am liebsten besuche ich die „Vintage Hütte", die von engagierten Mamas geführt wird. Leider passen ihre Öffnungs- und meine Arbeitszeiten nicht wirklich zusammen, aber heute war die Gelegenheit günstig und meine Ausbeute gut: zwei Röcke, ein wunderschöner rosa gepunkteter Schal mit braunen Fransen und ein langes Sommerkleid, bei dem mir nur der Ausschnitt nicht so richtig gefällt. Ich werde meine Nachbarin Rita fragen, ob sich daran etwas ändern lässt – sie ist Schneiderin und hat beste Erfahrung mit Kleidern.

Ron Sider, der Theologe, Sozialaktivist und Autor des Klassikers „Der Weg durchs Nadelöhr" schrieb einmal, im Grunde bräuchten wir alle in den nächsten Jahren kein einziges neues Kleidungsstück, abgesehen vielleicht von Schuhen. Daran muss ich manchmal denken, wenn ich einfach Lust habe, mir mal wieder eine Klamotte zu gönnen. Nun ist Ron Sider ein Professor, den alte Tweedsakkos enorm kleiden. Mich nicht. Trotzdem weiß ich natürlich, dass es am meisten Ressourcen, Energie und mich im Übrigen auch Geld spart, wenn ich mit den Jeans und Shirts aus meinem Schrank möglichst lange auskomme. Und manchmal gelingt mir das sogar. Ein bisschen bin ich stolz auf meinen schwarzen Rollkragenpulli, den ich noch zu Schulzeiten vor über 25 Jahren gekauft haben muss, und diverse andere Stücke, die mindestens ein Jahrzehnt auf dem Buckel haben. Und die blaue Hemdbluse habe ich kürzlich eigenhändig geflickt, als sich vorne eine

Naht auftrennte. (Ich hatte kein passendes Garn und habe braunes genommen. Ich bilde mir einfach ein, dass es so aussieht, als müsste das so sein.)

In Gedanken wende ich immer kurz die Formel an, die auf dem Fashionblog Thebudgetfashionista.com „Cost per Wear Ratio" heißt: der Preis für ein Kleidungsstück geteilt durch die geschätzte Anzahl an Tagen, an denen ich es trage. Denn die fair produzierten Veja-Sneaker für 99 Euro, die ich erfahrungsgemäß ungefähr 300 Mal an den Füßen haben werde, kosten dann nur 39 Cent pro Gebrauchstag – das könnte günstig sein im Vergleich zu den schnell mitgenommenen H&M-Tretern für zehn Euro, die nicht super passen und nach zehnmaligem Tragen dreckig oder kaputt sind. Keine Weltverbesserung, aber ein kleiner Trick, um zu sehen, was das gute Stück wert ist, welcher Kauf sich lohnt und wovon ich die Finger lassen kann.

Denn nach ein paar neuen Stücken (die gern auch gebraucht sein können) steht mir meist schon der Sinn. Vier oder fünf im Halbjahr vielleicht. (Na gut, vielleicht sind es auch mal sieben oder acht … plus Schuhe …) Das ist im Vergleich zu den 60 Kleidungsstücken, die jeder Bundesbürger im Jahr kauft,[27] nicht besonders viel, trotzdem schwanke ich immer, ob mehr Verzicht angesagt wäre oder neue Kleidung auch das legitime Bedürfnis erfüllt, sich wohlzufühlen. Schöne Kleider gab es immerhin schon in der Bibel. Die vielgerühmte Powerfrau aus Sprüche 31 in der Bibel trug sogar edelste Stoffe – und ihre Familie Winterkleidung.

Beim Nachwuchs war die Sache früher ganz einfach: Für das Kindergartenalter findet sich alles in Hülle und Fülle bei Börsen und Flohmärkten. Vor jeder Saison bin ich drei- oder viermal losgefahren und habe die gesamte Ausstattung der Sprösslinge für das nächste Halbjahr erstanden – inklusive der allermeisten Schuhe und immer wieder auch der Fahrräder und Playmobilschiffe für die Geburtstage. Selbst gut erhaltene Unterhosen, Surfanzüge, Trikots und Picknickdecken habe ich dort gefunden und der Gatte den heißgeliebten Klappkicker, der bei den Großeltern steht. Die schöne Flohmarktzeit ging gegen Ende der Grundschuljahre leider auch wieder zu Ende. Die beiden Schulranzen haben wir dafür online gebraucht erstanden. Dann erzählte eine Bekannte, dass sie mit ihrer Tochter öfter gemütlich auf dem Sofa sitzt und bei mamikreisel.de nach Kleidung sucht. Geduldig neben mir auf dem Sofa mögen meine Jungs zum Klamottenkaufen nicht sitzen, dafür suche ich mittlerweile für sie gezielt nach Schuhen, Pullis und Jeans und habe auf der Schwesterwebsite kleiderkreisel.de auch für mich schon Strickjacken und andere schöne Stücke gebraucht erstanden.

1135

Dabei motivieren mich auch all die Bilder und unfassbaren Zahlen. 1135 zum Beispiel. 1135 Tote. Gestorben, weil sie unsere Kleidung nähten. Unsere Hosen und Shirts und Sakkos. Zudem behielten ungefähr 2200 Arbeiterinnen an jenem 24. April 2013 zwar ihr Leben, verloren aber doch unglaublich viel. Shila Begum etwa, die 16 Stunden unter den Trümmern lag, nachdem die Textilfabrik „Rana Plaza" eingestürzt war, und durch ihre schweren Verletzungen nun mit 26 arbeitsunfähig ist. Der 20-jährigen Rehana Khatun mussten nach dem Einsturz beide Beine abgenommen werden. Sie sitzt im Rollstuhl. Mit zwei Armen und zwei Beinen ist das Leben als Näherin schwer genug in Bangladesch. Ohne Mann und ohne Beine ist es undenkbar. Behinderungen sind geächtet im Land. Rehana Khatun ist verbittert: „Sie sagen uns, ihr hattet Glück. Aber ich wünschte mir, ich wäre damals gestorben."[28]

1135 Tote. Das Fabrikgebäude in Savar, einer Stadt am Rande von Bangladeschs Hauptstadt Dhaka, hatte viel zu dünne Wände, war illegal mit minderwertigem Baumaterial auf acht Etagen aufgestockt worden. Tags zuvor hatten sich schon gefährliche Risse gezeigt. Näherinnen und Arbeiter waren nach Hause geschickt worden. Dann ging die Arbeit für die meisten einfach weiter – bis es zur Katastrophe kam.

Die wahre Katastrophe in der Bekleidungsindustrie ist aber noch viel größer: In einem Land, dessen Exporte zu 80 Prozent aus Textilien bestehen, werden Löhne gezahlt, die nicht zu einem menschenwürdigen Leben reichen. Weil sie sich sonst die Mieten nicht leisten können, hausen Näherinnen häufig mit vielen anderen gemeinsam in kleinen Zimmern in den Slums. Ihre Arbeitsbedingungen sind unwürdig: zu wenige Klopausen, keine Lüftung, Gewerkschaften verboten, Überstunden nicht bezahlt, trotzdem müssen sie in Stoßzeiten bis tief in die Nacht arbeiten. Und – Verhängnis im „Rana Plaza" – Sicherheits- und Brandschutzvorkehrungen existieren nicht oder werden ignoriert, Feuertüren zugestellt, Notausgänge abgeschlossen oder gar zugemauert.

Die Kleidung, die kaufen Menschen im Westen, wir also, bei Kik und Lidl, Esprit, H&M und C&A. Wir, die wir im Durchschnitt monatlich 50-mal mehr verdienen als den staatlichen Mindestlohn von umgerechnet etwa 50 Euro dort. Die Bilder auf unserer Seite der Welt stehen im krassen Kontrast: Haute Couture bei Fashion Weeks, hochbezahlte Models, Glamourtaschen zum zehnfachen Jahreslohn einer Näherin. Und was heute exklusiv auf den Laufstegen in Paris, Mailand und New York gezeigt wird, hängt schon Wochen später als Massenware auf den Stangen der großen Modeketten. Denn der Wettbewerb läuft: Wer produziert schneller und billiger und trendy? „Fast Fashion" heißt diese Branche, also „schnelle Mode", weil die Modelle nach den Schauen innerhalb weniger Wochen zu niedrigsten Preisen in den Läden angeboten werden. Und wir Kunden? Haben uns an die Billigklamotten gewöhnt und shoppen, was in die Tüte passt. Die Zahl der verkauften Kleidungsstücke wächst – während die Ausgaben dafür zurückgehen. „Preiserhöhungen kennt unsere Branche … nicht, wir hatten keine Inflation in den letzten 20 Jahren", sagt Patrick Andrist, der eine Einkaufsagentur für Textilien führt, in einem Interview mit der Frankfurter Allgemeinen Sonntagszeitung.[29]

Auf die Spitze getrieben hat diesen Trend vor allem das irische Unternehmen Primark mit noch schnellerer Mode zu noch niedrigeren Preisen. Ballerinas kosten hier fünf Euro, Jeans ab acht, T-Shirts sind ab 2,50 Euro zu haben. In Großbritannien spricht man längst vom Primark-Effekt und meint ein höheres Aufkommen von Textilien im Müll. Denn man hat festgestellt, was jeder ahnt: „Billige Kleidung wird mit hoher Wahrscheinlichkeit nach kurzer Zeit weggeworfen, denn sie wird als wenig haltbar wahrgenommen", hielt eine Studie im Auftrag der britischen Regierung schon 2008 fest.[30] Die schnelle Mode, fesche Stücke für wenige Euro verführe die Konsumenten dazu, sie nach nur wenigen Malen auszurangieren und anschließend neue, billige Waren zu kaufen, „die genauso nach wenigen Monaten aus der Mode sind und im Müll landen".

Was tun?

Das Problem der Modeindustrie ist somit schnell umrissen. Die Lösung – schon nicht mehr so leicht zu benennen. Unser erster Impuls beim Anblick der Bilder von eingestürzten Fabriken und in dunkle Hallen gepferchten Frauen, die zwölf Stunden am Tag über ihre Nähmaschinen gebeugt arbeiten, ist die Flucht. Als meine Freundin Birgit es einfach nicht mehr übers Herz brachte, Billigkleidung für ihre Jungs zu kaufen, lotste sie die beiden in ein Markengeschäft und fuhr mit den Tüten nach Hause. Nur um dort entsetzt festzustellen, dass auf den Etiketten genauso der Hinweis prangte: „Made in Bangladesh". Hergestellt in denselben Fabriken wie die Sweatshirts und Hosen bei Primark.

Keine T-Shirts für fünf Euro kaufen, sondern teure Label zum vielfachen Preis – schön wär's, wenn das Problem damit erledigt wäre. „Wir verwenden für alle Kleidungsstücke – egal ob sie später in Deutschland teuer als Markenprodukte oder als Billigkleidung verkauft werden – die gleichen Maschinen und die gleichen Arbeiter", erzählte der Besitzer einer Fabrik in Südindien, in denen Kleidung für Takko, aber auch für ein Surflabel und eine internationale Markenfirma produziert wird. Unter den Kunden der eingestürzten Fabrik in Dhaka fand das Wall Street Journal bei seinen Recherchen auch Namen wie Hugo Boss, Ralph Lauren und Armani.

Und für die Aktivistin Nazma Akter, die selbst mit elf gezwungen wurde, in einer Textilfabrik zu arbeiten, ist das auch gut so. Denn selbst wenn das Wirtschaftswachstum in Bangladesch vor allem auf dem Rücken der schuftenden Frauen ausgetragen wird, sind die Nähfabriken – das muss man eben auch so nüchtern sehen – ihre große Chance. Etwa 5000 stehen im ganzen Land, Bangladesch ist nach China der zweitgrößte Exporteur von Textilien. Boykott ist für die Frauen keine Lösung. „Das würde zu einem sozialen Desaster führen", sagt Nazma Akter, die sich heute mit ihrer Away Foundation für die Arbeiterinnen engagiert. „Die Textilkonzerne würden ins nächste Land ziehen und die Näherinnen ihre Arbeit verlieren."[32] Fast ein Drittel der etwa 165 Millionen Einwohner lebt unterhalb der Armutsgrenze.[33] Noch immer hungern hier Menschen, weil die Landwirtschaft nicht genug abwirft, weil

Infrastruktur und Bildung zu schlecht sind, als dass ausländische Firmen hier ihre Fabriken bauen würden. Viele Frauen kommen vom Land, wo große Armut herrscht und sie häufig von ihren Familien unterdrückt werden, nach Dhaka oder Chittagong im Südosten des Landes. Sie ziehen aus Hoffnung auf ein besseres Leben in die Städte. Und viele finden selbstbestimmtes Arbeiten unter ausbeuterischen Bedingungen und die Hoffnung auf höhere Verdienste immerhin besser als ihr Leben zuvor. Verliert Bangladesch seine Textilindustrie, gewinnt niemand dazu. Es sei denn, wir belügen unser Gewissen.

„Sweatshop Free. That's American Apparel." (Übersetzt etwa: „Nicht im Ausbeuterbetrieb produziert. Das ist American Apparel.") Damit warb die Modefirma aus Los Angeles, die mittlerweile in einem Insolvenzverfahren steckt. Coole Mode aus Kalifornien, bei der die Käufer nicht um die Ausbeutung der Frauen fürchten mussten, die ihr 64 Dollar teures Kurzarmhemd zusammengenäht hatten. American Apparel war stolz darauf, dass der Lohn der mehreren tausend Angestellten in Los Angeles wieder in die heimische Wirtschaft floss. Wogegen absolut nichts einzuwenden ist. Nur die Näherinnen in Bangladesch haben davon leider nichts.

Das heißt nicht, dass ich Firmen wie Die Rote Zora in Stuttgart, die ihre verspielte Mode hierzulande produziert, oder Manomama in Augsburg, die langzeitarbeitslose Näherinnen zu fairen Löhnen beschäftigt, nicht lobenswert finde. Ich will nur vor mir ehrlich bleiben, was die echten, die großen Ziele sind. Denn hier geht's nicht um meine reine Weste, mir geht's nicht darum, ob ich mich gut fühle beim Shoppen, sondern um die Menschen, die an meine Kleidung Hand anlegen. Nicht nur bei uns, sondern auch dort, wo die Armut am größten ist.

Von Jeans ohne Löchern

Denn alles finde ich für mich leider nicht im Secondhandshop. Und auch von meiner Flohmarktliste für die Kinder konnte ich einen Punkt nie streichen: Jungenjeans, die keine Löcher haben, sind so selten wie grüne Giraffen. Als ich die eine blaue Jeans in Größe 104 aus dem Flohmarktstapel fischte, die nicht aussah wie aus den Achtzigern, habe ich sofort alle Verwandten eingeladen und ein rauschendes Fest gefeiert. Es war eine Markenjeans, die vermutlich den Kleiderschrank des Vorbesitzers nur zu wenigen heiligen Feiertagen verlassen hatte. Jungenjeans haben immer vor Ablauf der Tragezeit Löcher an den Knien. Immer. (Mädchenjeans hätten sie wahrscheinlich auch, besäßen viele Mädchen nicht noch Leggins, Röckchen, Kleider und Stoffhosen in diversen Ausführungen, die auch alle getragen werden wollen, sodass sich die Kniebeanspruchung auf viele Kleidungsstücke verteilt. Jungs haben Jeans. Und Trikothosen. Die hören aber zum Glück schon über den Knien auf.) Also muss ich neue Jeans kaufen. Und warte dafür meistens darauf – Achtung, jetzt kommt mein Geständnis –, dass es Jeans bei Lidl gibt. Für 8,99 Euro.

Als ich auf der Suche nach Alternativen noch einen Vorstoß im Internet wagte, waren fair hergestellte Kinderjeans fast nicht zu finden. Ich klickte mich durch die Seiten großartiger Hersteller ökofairer Kinderkleidung – und bedauerte auf der Stelle, dass unser Familienbudget nicht viel größer ist. Für all die tollen Schnitte und Stoffe würde ich liebend gern jede Menge Geld lassen.

Bei meiner Suche nach Jeans stieß ich auch auf die Firma Frugi aus Cornwall, deren „Frugi Boys Jeans, Denim Organic Clothing" für knapp 40 Euro ich aber auf keiner deutschen Seite entdeckte. Dafür führte der bayrische Hersteller Living Crafts ein nietenfreies Modell aus 100 Prozent zertifizierter Bio-Baumwolle für 50 Euro. Bei sieben bis acht durchgescheuerten Hosen sind das vierhundert Euro im Jahr. Pro Sprössling! Dafür muss ich viele, viele Stunden arbeiten. Ganz ehrlich: Fairtrade-Mode ist mir – vor allem für Kinder – einfach zu teuer.

Mit Mamikreisel und anderen Online-Plattformen habe ich eine andere Alternative gefunden, aber auch hier bin ich auf meiner Suche nicht immer erfolgreich. Also doch wieder Lidl. Nicht optimal, aber wenn H&M, Esprit und Armani alle in denselben Fabriken produzieren lassen, rechne ich mir aus, dass Lidl seine Hosen auch darum so günstig anbieten kann, weil hier kein Geld in Marketing und Werbung fließt. Bei Lidl und Aldi gibt es genau zwei Modelle, keine Umkleidekabinen, keinen Schnickschnack. Ladenfläche und Vertriebsstruktur sind effektiv genutzt.

Während die großen Markenlabel die Trends erst mit teuren Designern und Werbung setzen müssen, hängen sich die Billigfirmen mit ihren Kopien einfach an erfolgreiche Stücke dran. Bei den Trendsettern mit originären Entwürfen kann daher eine Kollektion völlig floppen – diesen Verlust muss die nächste Kollektion ausgleichen. Dafür müssen die Discounter und Billigläden sehr viel verkaufen. Denn groß ist die Marge nicht. An einem T-Shirt für 2,99 Euro verdient Takko beispielsweise etwa 50 Cent.[34] Erst durch den millionenfachen Verkauf desselben Shirts rentiert sich die Sache.

Ob ich eine Billig-Jeans oder eine herkömmliche Markenjeans kaufe, macht für die Näherin keinen Unterschied – und häufig auch nicht in der Qualität. Intertek, eines der weltweit größten Institute für Textilqualitätsprüfung, testet wöchentlich mehrere zehntausend Kleidungsstücke. „Und da kommt es immer wieder vor, dass preisgünstigere Produkte von der Qualität ähnlich abschneiden wie Markenprodukte", sagt Christian Gerling von Intertek. Im Test für eine „Galileo"-Sendung schnitt die Billig-Jeans für 17 Euro sogar besser ab, weil die Markenjeans für 60 Euro deutlich abfärbte.

Neben meinem Geldbeutel und der Entscheidung, wo ich meine Kleidung kaufe, habe ich als Konsumentin noch ein anderes Werkzeug: meine Stimme. Also schreibe ich einen Brief an Lidl und frage nach ihren Produktionsbedingungen. Wie kontrollieren sie ihre Zulieferer?

Achten sie auf Sicherheitsbestimmungen? Verbessern sie regelmäßig ihre Standards? Antwort bekomme ich diesmal keine. Trotzdem bin ich sicher, dass regelmäßige Fragen der Konsumenten das Bewusstsein bei den Unternehmen schärft. Denn auf Trends einzugehen, darauf ist man gerade in der Modebranche eingestellt. Wer die Farbe des Sommers nicht erkennt, bleibt auf seinen Klamotten sitzen. Wenn wir den Unternehmen klarmachen, dass die neue Trendfarbe grün und fair ist, wird sich etwas bewegen. Denn neben all den großartigen kleinen ökologischen Labeln wäre es vor allem effektiv, wenn H&M, Zara und all die anderen Großen Druck bei den Produzenten vor Ort aufbauen und wirklich anständig kontrollieren: Arbeitszeiten, Brandschutzmaßnahmen, Gebäudeauflagen – und zwar in der kompletten Lieferkette vom Garn und den Knöpfen über das Färben und Nähen bis hin zum Bügeln und Eintüten. Da will ich immer wieder nachhaken – und die Medien ermutigen, das Thema warmzuhalten.

Als der Stern vor einiger Zeit darüber berichtete, dass bei Esprit einzelne Kleidungsstücke von Kindern verarbeitet werden, habe ich einen Brief an Esprit geschrieben und diesen Brief zusammen mit einem Leserbrief an den Stern geschickt. Von Esprit habe ich immerhin einen Standardbrief zurückbekommen, der Stern hat Teile meines Leserbriefs abgedruckt. Die Konzerne weiter zum Handeln zu drängen, darum geht's.

Es bewegt sich was

Und seit hierzulande die Zahl 1135 nicht nur mich, sondern auch viele andere aufgerüttelt hat, bewegt sich tatsächlich etwas. „Die Unternehmen sind eindeutig stärker daran interessiert als früher", sagt Patrick Andrist, der mit seiner Einkaufsagentur Kleidung für Mustang, Tom Tailor und andere produzieren lässt. Kinderarbeit beispielsweise, so sagt er, würde schon aus ökonomischen Gründen „kein europäischer oder amerikanischer Modekonzern noch tolerieren". Und auch unter den Produzenten sei ein Wandel zu spüren: „Viele Fabrikanten registrieren, dass sie sich umstellen müssen, um im Geschäft zu bleiben."[35]

Auch juristisch gab es Fortschritte. Beim Brand einer Modefabrik in Pakistan im Herbst 2012 starben 258 Menschen, weitere wurden verletzt. Schuld waren auch fehlende Brandschutzmaßnahmen, vergitterte Fenster, verschlossene Notausgänge. Gefertigt wurden hier vor allem Textilien für Kik. Vier Überlebende und Angehörige wie Saeeda Khatoon, die ihren 18-jährigen Sohn in den Flammen verlor, zogen deshalb in Deutschland vor Gericht. Für den mangelnden Brandschutz soll Kik nun finanziell mithaften. Ende 2018 begannen die mündlichen Verhandlungen am Dortmunder Landgericht. 30 000 Euro fordern die Kläger als Schmerzensgeld.[36] Selbst wenn die Klage etwa wegen Verjährung scheitern sollte, ist jetzt schon ein Signal gesetzt: Da die deutsche Kleidungsindustrie die Bedingungen in ihren Fabriken kennt und ihre Profite auch dank niedriger Standards im Arbeitsschutz einfährt, kann sie sich von einer Mitverantwortung nicht freisprechen.

Etwas bewegen in der Modewelt will auch Astrid Bode. Ich habe sie kennengelernt, als sie sich als Dress Coach selbstständig gemacht hat: Sie berät ihre Kundinnen, welche Kleidung ihnen steht oder wie sie ihren Kleiderschrank entrümpeln und nur die wirklich passenden Stücke behalten und kombinieren können. Als ich ein Business-Outfit suche, treffen wir uns in der Hamburger Innenstadt und ich bekomme jede Menge Tipps – und ein tolles grünes Hemdkleid, das ich zu offiziellen Gelegenheiten trage. Gleichzeitig ist die studierte Modedesignerin sehr interessiert an einem umweltschonenden und nachhaltigen Lebensstil – auf den ersten Blick ein Widerspruch. „Mode ist eine bewusst ausgelöste Epidemie", hat der irische Satiriker George Bernard Shaw einmal gesagt. Denn: Mode lebt von Trends und verlangt nach immer neuer Kleidung. Aber es geht auch anders, findet die Hamburgerin: „Es kommt auf den Umgang mit der Mode an. Ich liebe gutes Design, Entwicklungen und die Beobachtung von Trends. Aber ich stelle fest, dass ich meine Kleider und Accessoires mindestens zehn Jahre trage", sagt sie. „Niemand muss sich jede Saison neu einkleiden. Und niemand muss auf das sich immer schneller drehende Karussell der ‚Fast Fashion' aufspringen." Ihren Kunden erklärt sie, dass Mode viel mit Selbstausdruck und persönlichem Stil zu tun hat. „Und den vermitteln gute, langlebige Stücke sehr viel besser als Trendfähnchen."

Über fair und ökologisch überzeugend produzierte Mode, Label und Siegel informiert Astrid Bode sich regelmäßig in Berlin auf den beiden Messen „Green Showroom" und „Ethical Fashion Show" während der Fashion Week und ist begeistert, wie viele junge Label sich inzwischen dort tummeln. „Zu den etabliertesten Modelabels gehören Armedangels aus Köln, die junge, etwas verspielte Mode für Frauen und Männer machen, und Lanius, auch aus Köln, die sehr feminine Kollektionen für Frauen anbieten. Und tolle Jeans bekommt man von Kuyichi und KOI." Und noch einen Tipp hat sie für den ethisch richtigen Umgang mit Kleidung: „Weniger waschen oder chemisch reinigen, weniger elektrisch trocknen und glätten. Denn auch das trägt zur Haltbarkeit von Kleidung und zum gesamten Energieverbrauch in der Mode bei!" Auch sie ist überzeugt, dass es hilft, in den eigenen Lieblingsläden nachzufragen, wo und wie die Kleider hergestellt werden, weil es Druck auf den konventionellen Handel ausübt.

Dass die großen Ketten längst sensibilisiert sind, lässt sich auch daran ablesen, dass jede Maßnahme großzügig beworben und auf die Etiketten gedruckt wird. So großzügig, dass es schwerfällt, den Durchblick zu behalten. Welches Engagement bedeutet tatsächlich eine durchgreifende Verbesserung für Umwelt und Menschen – und welches Label ist nur ein selbstkreiertes Werbeschildchen? Um den Unterschied zu erkennen, wären statt der vielen einzelnen Kennzeichen wieder einmal verlässliche Siegel nötig, finde ich. Wichtig wäre zum Beispiel ein einheitliches, internationales Siegel, dem sich möglichst viele Firmen anschließen und das überzeugende Standards bietet, vergleichbar dem Bio-Siegel bei Lebensmitteln.

„Ich bin eine Verfechterin von Siegeln", sagt auch Kirsten Brodde von Greenpeace, die mit „Saubere Sachen" und „Einfach anziehend" so etwas wie Standardwerke für ökologische und faire Kleidung schrieb. „Wenn ich von Verbrauchern möchte, dass sie grüne Textilien kaufen, die unter fairen Arbeitsbedingungen hergestellt wurden, dann müssen sie einfach erkennbar sein", sagte sie in einem Interview der Zeitschrift enorm.[37]

Im Siegelwald

Get Changed hat die wichtigsten Siegel geprüft. Seit Januar 2013 informiert das Portal gründlich über faire Mode. Es ist aus dem Schweizer Verein Netzwerk faire Mode hervorgegangen und will auf zwei Kanälen einerseits die Branche und andererseits die Konsumenten über Label, Zustände und Zusammenhänge der Textilproduktion aufklären. Zusammen mit der Unternehmensberatung BSD Consulting hat Get Changed die wichtigsten Siegel der Kleiderindustrie daraufhin untersucht, was genau die Standards eigentlich abdecken und wie umfassend und effektiv sie sind. Die Siegel von vier Organisationen werden dabei ausdrücklich empfohlen (mehr Infos am Ende des Kapitels):

– Fair Wear Foundation (FWF)
– Global Organic Textile Standard (GOTS)

- Internationaler Verband der Naturtextilwirtschaft e. V. (IVN Best)
- Fairtrade Labelling Organizations International (FLO Certified Cotton)

TransFair, die Organisation hinter dem Fairtrade-Siegel, hat 2016 einen neuen Textilstandard und ein Programm entwickelt, die eine faire Produktion entlang der kompletten Wertschöpfungskette überwachen. Neben den Baumwollbauern sollen also auch diejenigen berücksichtigt werden, die weben, zuschneiden, nähen und verpacken, damit auch sie profitieren. Keine ganz einfache Aufgabe, denn die Produktion von der Baumwollkapsel bis zur Baggy-Jeans oder zum Billig-Shirt besteht aus unüberschaubar vielen Einzelschritten. Die Baumwolle für ein T-Shirt kann aus China kommen, in Indonesien verarbeitet und in Bangladesch zusammengenäht werden. Bis ein Shirt in unserem Schrank liegt, kann es 50 000 Kilometer zurückgelegt haben. Selbst die Mindestlöhne in den Baumwolle produzierenden Ländern reichen häufig nicht zum Leben, daher müssen nach dem Fairtrade-Textstandard zertifizierte Betriebe und Plantagen existenzsichernde Löhne nachweisen. Daneben überwacht das Textilprogramm die Sicherheit und den Gesundheitsschutz der Angestellten. Ausbeuterische Kinderarbeit ist verboten und bestimmte Kriterien in Sachen Umweltschutz müssen erfüllt sein. Wer Kleidung mit dem Fairtrade-Siegel kauft, darf also davon ausgehen, dass die Bedingungen bei der Herstellung geprüftermaßen besser waren als anderswo.

Für die Näherinnen in Bangladesch konnte die Gewerkschaft der Bekleidungsindustrie nach der Katastrophe im „Rana Plaza" immerhin eine Erhöhung des Mindestlohns von etwa 30 auf 50 Euro im Monat durchsetzen. Runtergerechnet auf das einzelne Shirt bekamen die Arbeiterinnen für Schneidern, Bügeln und Verpacken bis 2018 zwischen zehn und 30 Cent Lohn. Bleibt meine naive Frage, warum es eigentlich so schwierig ist, den Lohn der Näherinnen und Arbeiter weiter anzuheben? Wenn der Lohn verdreifacht würde, müssten wir 30 bis 90 Cent mehr zahlen. Wer wäre dazu nicht bereit?

Damit sich die Arbeiterinnen die Miete für Wohnraum, täglichen Bedarf und Lebensmittel leisten können, forderten Gewerkschaften und Organisationen wie die Kampagne für Saubere Kleidung 2018 einen angemessenen Lohn von umgerechnet rund 170 Euro. Die größten Bekleidungsfirmen wie H&M, Gap, Primark und auch Lidl wurden um Unterstützung der Forderungen gebeten und bekundeten daraufhin zwar fleißig, wie nötig gerechte Löhne grundsätzlich seien, setzten sich für die geforderte Erhöhung aber nicht ein. Im September 2018 legte Bangladesch den Mindestlohn auf rund 80 Euro fest.[38] Klar, auch Bangladesch steht in einem Standortwettbewerb. Die Löhne im benachbarten Myanmar sind noch niedriger – und immer mehr Fabriken dort und in Kambodscha sind schon am Start. Da unsere Konsumwelt nach Profitmaximierung organisiert ist, fragt sich, wie klug ein wesentlich höherer Mindestlohn und damit höhere Kosten bei der Produktion wären.

Bliebe das Modeunternehmen, das einfordern könnte, dass höhere Löhne gezahlt werden. Aber ein einzelnes Unternehmen kann nur dann selbst höhere Löhne zahlen, wenn es die ganze Fabrik langfristig auslastet. Oft schneidert eine Fabrik gleichzeitig beispielsweise für Esprit, Kik und C&A und anschließend vielleicht für s.Oliver und Karstadt. Schwierig, nur einem Teil der Näherinnen das Vierfache zu bezahlen – und das womöglich nur ein paar Monate lang, bis die Bestellung erledigt ist.[39] Deshalb sind die Modefirmen nicht aus dem Schneider. Heißt eben, dass sie zusammenarbeiten oder andere kreative Ideen finden müssen. Und auch das Einhalten von Versprechen gehört dazu. Im Jahr 2013 hatte H&M seinen 850 000 Arbeitnehmern mit großer medialer Aufmerksamkeit angekündigt, bis 2018 existenzsichernde Löhne einzuführen. Geblieben ist davon nicht viel. In Indien beispielsweise berichten Arbeiterinnen immer noch davon, dass sie selbst bei Überstunden nicht den Mindestlohn des Landes erhalten – von einem angemessenen Lebensunterhalt ganz zu schweigen. Die Löhne sind zwischen 2015 bis 2017 sogar gesunken.[40] Deshalb machen sich die Clean Clothing Campain und ihr deutscher Ableger Kampagne für Saubere Kleidung für das Einhalten dieses Versprechens stark. Mit ihrer Kampagne „Turn Around H&M" appellieren sie an den schwedischen Modehändler und veröffentlichen Zahlen und die Texte der damals angekündigten Verbesserungen – die H&M selbst längst von seinen Seiten gelöscht hat. Organisationen wie diese sind wichtig, weil sie für Lösungen auf größerer Ebene kämpfen. Auch die Micha-Initiative hat das Thema mit ihrer Kampagne „Gut zu tragen?" schon aufgegriffen, Gespräche mit Politikern geführt und Aktionswochen veranstaltet. „Wie genial wäre es, wenn es gerade ‚die Frommen' sind, die bei gesellschaftlichen Bewegungen für eine bessere Welt vorne mit dabei sind, so wie William Wilberforce, Henri Dunant, Christian Führer, Desmond Tutu oder die pietistischen SozialreformerInnen", sagt Alexander Gentsch, früher Koordinator der Micha-Initiative. „Zum Beispiel beim Thema faire Klamotten: Warum werden Gemeinden nicht die Orte, wo man in einer Zeit, in der das meiste nur über Online-Shops bezogen wird, faire oder gute Secondhandkleidung bekommen kann? Das wäre doch genial!"

Hoffnungsvolle Beispiele

Wie es noch anders gehen könnte, zeigen Frauen wie Samantha Morshed. Ich bin ganz begeistert, als ich auf sie stoße. Denn in vielen Gesprächen über die Kleidungsindustrie bleibt am Ende immer die Einsicht, dass es engagierte Fabrikbesitzer oder -besitzerinnen geben müsste, die nicht korrupt sind, denen die Arbeiterinnen nicht egal sind, die faire Löhne zahlen, auf die Arbeitsbedingungen achten und die direkt für unseren Markt produzieren. „Geld ist keine Antwort auf die Armut in Bangladesch. Die einzig zukunftsfähige Lösung besteht darin, Arbeitsplätze für die Armen zu schaffen", hat sich die Britin Samantha Morshed gesagt und losgelegt. Mit jeder Menge Tatkraft, 500 Dollar Eigenkapital und dem

Willen zu beweisen, dass man mit so wenig Geld ein Projekt aufziehen kann, das sich nach kurzer Zeit selbst finanziert. Weil ihr Mann aus Bangladesch stammt, hatte sie bei ihren Besuchen dort schon viele Spendenprojekte gesehen und überlegt, wie sie sich einbringen könnte – bis ihre Familie 2004 aus England nach Dhaka zog und sie eine Firmengründung nur logisch fand. Handgemacht und qualitativ hochwertig sollten ihre Produkte sein – und auf dem Land gefertigt werden. Denn weil viele Arbeiterinnen in der Textilindustrie aus den ländlichen Gebieten stammen, wollte Samantha Morshed ihnen eine Perspektive vor Ort bieten, damit die Frauen bei ihren Familien bleiben können und nicht auf teuren Wohnraum in der Stadt angewiesen sind. Mit damals Mitte dreißig gründete sie Hathay Bunano – was einfach „handgemacht" bedeutet.

Zu Beginn reiste die Unternehmerin durch die Dörfer, überzeugte und schulte die Frauen, organisierte einen Ablauf, sodass dieselben Produkte in derselben Qualität in verschiedenen Dörfern gefertigt und mit Bussen nach Dhaka transportiert und dort verpackt werden können. Mehr als 6000 Frauen stricken, häkeln und nähen heute monatlich etwa 50 000 Produkte für Hathay Bunano. Etwa ein Viertel der Arbeiter sind Menschen mit Behinderung. Frauen wie Rehana Khartum, die im Rollstuhl sitzen, können auf diese Weise in diesem Land doch noch einen Lebenssinn finden. Ihre fröhlich bunten Kuschelrasseln, Mützen und Mobiles vermarktet Samantha

Morshed unter der Marke Pebble in ganz Europa.[41] Ich glaube, ich mag die hellgrüne Schildkröte und das Häkeltörtchen am liebsten. Und ich bewundere diese energiegeladene Frau, die ganz neue Wege sucht, um für Menschen, denen es schlechter geht, die Welt ein Stück zu verbessern.[42]

Mein Fazit für den Kleiderkauf:

- Ich wünsche mir ein internationales Siegel mit sinnvollen Standards, die eine echte Verbesserung für alle Arbeiter entlang der Produktionskette bedeuten.
- Ich wünsche mir mehr und bessere Infos zu den Produktionsbedingungen an den Regalen, Kassen und Kleidungsstücken.
- Ich wünsche mir einen verringerten Mehrwertsteuersatz auf faire Kleidung und Reparaturleistungen wie z.B. Arbeiten bei der Änderungsschneiderei.
- Ich werde mir noch genauer überlegen, welche Kleidungsstücke ich brauche, und Organisationen wie die Kampagne für Saubere Kleidung unterstützen.
- Ich werde möglichst viel gebraucht kaufen. Denn Kleidung möglichst lange zu tragen, bleibt die umweltfreundlichste Variante.

Die Vintage Hütte werde ich natürlich weiterhin besuchen. Das Sommerkleid hat meine Nachbarin übrigens großartig umgearbeitet und es hat sich am Ostseestrand bestens bewährt. Am 24. April, dem Jahrestag des Rana Plaza-Einsturzes und dem seither ausgerufenen Fashion Revolution

Day, habe ich es auf links getragen. Als Zeichen, dass sich noch einiges ändern muss in unserer Fast Fashion-Welt.

Einfach weg damit

Bleibt noch eins: die Frage nämlich, was passiert, wenn's nicht mehr passt: Wohin mit meinen Altkleidern, die noch zu gut sind für den Müll? Geschätzte 1,5 Milliarden Textilien sortieren wir in unserem Land jährlich aus. Das sind eine Million Tonnen Altkleider im Müll und in Containern vor Supermärkten, Kirchen und Brachflächen. Aufstellplätze sind wertvoll. Kommerzielle Sammler verdienen mit unserer getragenen Kleidung im Schnitt etwa 5000 Euro pro Jahr und Container. Unsere ausrangierten Jeans und Pullis sind ein Millionengeschäft. Deshalb überlege ich mir inzwischen gut, wohin ich meine alten Schätzchen gebe, und stecke sie nicht mehr blind in den nächsten Sammelcontainer.

Nur ein kleiner Teil der Kleidungsstücke – unter zehn Prozent – wird bei uns wieder an den Mann oder die Frau gebracht. Eine Million Tonnen braucht hierzulande kein Mensch. Ein Drittel ist zudem zerschlissen, völlig unmodern und gar nicht mehr tragbar und kommt deshalb etwa als Putzlappen oder Dämmmaterial wieder in Umlauf. Was noch tragbar ist, wandert auf die Märkte in Asien oder Afrika. Auch Werke wie das Rote Kreuz, Caritas und Co. verkaufen zumindest einen Teil der in ihren Containern gesammelten Kleidung an kommerzielle Verwerter. Immerhin landen die Gewinne dann aber in den Projekten einer gemeinnützigen Organisation, das ist mir wesentlich lieber.

Leider werden wegen der gestiegenen Altkleiderpreise immer mehr Container auch illegal irgendwo aufgestellt, häufig auf Privatgrundstücken. Bis zu 100 000 Tonnen Altkleider landen so ohne jede behördliche Genehmigung bei gewerblichen Sammlern. Deshalb lohnt es sich, auf seriöse Aufschriften zu achten und darauf, dass der Container an einem vertrauenserweckenden Platz wie neben einer Kirche steht – und nicht erst seit Kurzem auf einem verwilderten Grundstück. Ein guter Hinweis ist auch der grüne Aufkleber des Dachverbands FairWertung. Rund 130 gemeinnützige Initiativen, die für soziale und umweltverträgliche Standards stehen, haben sich hier zusammengeschlossen. Auf der Webseite lassen sich zudem die nächsten fairen Sammelstellen nach Straßen abfragen.

Genauso wenig packe ich meine Sachen in die verteilten Körbe irgendeiner Sammlerorganisation. Auf den vorab in die Briefkästen geworfenen Zetteln steht häufig zwar der Name irgendeines Priesters, Paters oder Kinderwerks – da bietet es sich aber an, sehr wachsam zu sein und kurz im Internet nachzusehen, ob das der Wahrheit entspricht oder ob hier mit einer dubiosen Firma die Fantasie durchgeht.

Generell wird der Weiterverkauf der Altkleider etwa nach Afrika kontrovers beurteilt. Die einen argumentieren, die einheimische Kleiderproduktion leide unter den Billigimporten, traditionelles Handwerk und Arbeitsplätze gingen verloren. Die anderen sehen Altkleider eher als Rohstoff, der günstig ins Land kommt. Der Dachverband FairWertung war vor einigen Jahren selbst noch skeptisch, sieht durch eigene Umfragen in Ländern wie Kamerun und Tansania mittlerweile aber keine Hinweise mehr darauf, dass die Textilindustrie in diesen Ländern dadurch Schaden nimmt. Neue Kleidung zu vergleichbaren Preisen stammt wie bei uns meist aus Asien und nicht von heimischen Nähereien. Beliebter aber ist die hochwertigere Baumwollware aus Europa und gebrauchte Kleidung so üblich wie hierzulande gebrauchte Autos. Viele kleine Händler verkaufen die Kleidung auf den Märkten weiter – auf dem größten Altkleidermarkt in Nairobi allein sind es 10 000. Dadurch entstehen Arbeitsplätze, in Kenia insgesamt schätzungsweise bis zu 200 000: vom Ballenträger über die Großhändlerin bis zum Hosenbügler.[43]

Mittlerweile verbreitet sich eher die positive Sichtweise. Unbestritten bleibt aber: Am besten trägt man Jeans und Co. so lange, bis sie auseinanderfallen, und verleiht guten Stücken, die partout nicht mehr passen oder gefallen, hierzulande neue Anziehungskraft.

Gute Lösung 1: Kleidertauschpartys organisieren. Freundinnen einladen, Snacks bereithalten, Spiegel aufstellen und tauschen, was das Zeug hält. Schon erstaunlich, was andere tatsächlich aussortieren – und wie gut manche meine Stücke noch finden, die ich nicht mehr leiden mag.

Termine für öffentliche „Swapping Partys" findet man auch im Internet.

Gute Lösung 2: Zum Secondhandshop bringen, auf eBay versteigern oder über Kleiderkreisel und ähnliche Plattformen verkaufen. Geld verdienen. Und sich damit hochwertige Stücke leisten und lange tragen. Ein bisschen ernüchtert war ich allerdings vor einiger Zeit, mit welch spitzen Fingern die Dame im Gebrauchtmodeladen meine Kleidung sortierte und jedes Staubkorn anmahnte, das sich darauf blicken ließ. Dabei fand ich die Stücke wirklich noch tragbar. Ob sie einen schlechten Tag hatte oder ich im falschen Laden war, konnte ich nicht überprüfen, denn seither habe ich nicht wieder den Mut aufgebracht, meine ausrangierten Shirts irgendwo anzupreisen. Vielleicht sind meine Vintage-Mamis ja gnädiger. Ich werde es testen.

Gute Lösung 3: Was wirklich noch in Ordnung ist, im Oxfam Shop abgeben, wo die Kleidung direkt verkauft wird und das Geld in gute Projekte fließt. Dasselbe gilt für Kleiderkammern, Sozialkaufhäuser oder andere gemeinnützige Initiativen, die die Kleidung vor Ort an Bedürftige verteilen und häufig von Langzeitarbeitslosen geführt werden.

Get Changed!, ein Netzwerk für Faire Mode, hat zusammen mit der Unternehmensberatung BSD Consulting die wichtigsten Siegel daraufhin untersucht, was die Standards abdecken und wie umfassend und effektiv sie sind. Besonders empfohlen wurden dabei diese vier Siegel:

FWF (Fair Wear Foundation):
Sichert faire Arbeitsbedingungen während der Fertigung der Kleider.

GOTS (Global Organic Textile Standard):
Bestätigt die ökologisch nachhaltige Produktion in allen Schritten und faire Arbeitsbedingungen bei der Stoffherstellung und der Fertigung der Kleider.

IVN Best (Internationaler Verband der Naturtextilwirtschaft e. V.):
Kontrolliert die ökologisch nachhaltige Produktion in allen Schritten und faire Arbeitsbedingungen bei der Stoffherstellung und der Fertigung der Kleider.

FLO Certified Cotton (Fairtrade Labelling Organizations International):
Siegel für Baumwollproduktion, das die fairen Arbeitsbedingungen der gesamten Produktionskette und die ökologische Rohstoffproduktion von Kleidern kennzeichnet.

Ausführlichere Infos unter:
getchanged.net/de/magazin/hintergrund

Links

Infos, Hintergründe, Aktionen zu fairer Kleidung: *saubere-kleidung.de*

Secondhandhhops: *humana-second-hand.de;*

Gebrauchte Kleidung online: *kleiderkreisel.de; mamikreisel.de; momox-fashion.de; maedchenflohmarkt.de; secondlifefashion.de*

Bestimmte Marken finden: *labelfinder.vogue.de*

Grüne Modeläden, Hersteller und Marken: *kirstenbrodde.de/?page_id=428*

Infos Altkleidermarkt: *fairwertung.de*

Seriösität von Organisationen (z.B. Altkleidersammler): *dzi.de*

Faire Mode online

Jeans: *nudiejeans über glore.de, K.O.I. über greenality.de*

Funktionskleidung: *Pyua über bergfreunde.de*

Herrenmode: *Brainshirt über avocadostore.de*

Sneaker: *Veja über sarenza.de*

Erlöse für soziale Projekte: *kipepeo-clothing.com*

Hergestellt von Frauen, die aus Menschenhandel befreit wurden: *www.eyd-clothing.com, lillypark.com, madein-freedom.de*

Komplette Kollektionen: *armedangels.de, bleed-clothing.com, dierotezora.com, garymash.com, hessnatur.com, lanius.com, manomama.de, recolution.de, thokkthokk-market.com*

Onlineshops: *avocadostore.de, better2gether-shop.com, glore.de, greenality.de, grundstoff.net, zuendstoff-clothing.de*

08
ECHT

Plaste elaste adé

„Uns um Gottes Schöpfung zu kümmern, sollte hohe Priorität für uns haben. Umweltschutz ist nicht nur eine Sache der Wissenschaft oder der Politik, sondern ist ein Zeichen für unseren Lobpreis und unsere Anbetung des Schöpfers."
Jim Wallis

„Achten wir darauf, Christus in unserem Leben gegenwärtig zu halten. Achten wir aufeinander und haben wir sorgsam Acht auf die Schöpfung."
Papst Franziskus (Jorge Mario Bergoglio)

Gerade habe ich Salat gegessen. Aus einer durchsichtigen Plastikschale. Mit durchsichtiger Zwischenlage zum Rausnehmen, auf der Croûtons und eine weiße Plastikgabel lagen. Die Salatsoße war extra abgepackt, in einem kleinen durchsichtigen Plastikbeutel. Ich weiß. Geht gar nicht. Das wurde mir schlagartig bewusst, als ich den einmalig benutzten Haufen Müll zur Plastiktonne trug.

Wie kommen wir eigentlich darauf, mit so viel Einsatz, Schweiß und Aufwand aus dem Boden gepumpte Rohstoffe, deren Vorrat begrenzt ist, in so kurzlebige Gebrauchsgegenstände zu verwandeln? Die durchschnittliche Plastiktüte wird paarundzwanzig Minuten durch die Welt getragen, bevor sie schon wieder auf dem Plastikfriedhof landet und einfach verbrannt wird oder mindestens 100 Jahre braucht, um zu verrotten. Gern auch mal deutlich länger. Nur jede zehnte Tüte wird recycelt. Vor allem in Entwicklungsländern landen viele im Meer, wo zuweilen Seevögel daran verenden oder sich Strudel von der Größe ganz Mitteleuropas bilden, in denen das Zeug in kleine Partikel zermahlen und fatalerweise von Fischen und anderen Seebewohnern gefressen wird. In einer Studie fand man in 35 Prozent der Fische Plastikstücke. Ein toter Pottwal, der Ende 2018 vor der indonesischen Insel Sulawesi strandete, hatte mehr als 1000 Plastikteile im Magen – darunter 115 Plastikbecher, 25 Plastiktüten und zwei Flipflops. 5,9 Kilo Plastik hatte er mitgefressen.[44] Und dabei sinken zwei Drittel des Meeresmülls auf den Boden. Wer weiß schon, was er da noch alles anrichtet? Zum Großteil wandert der Abfall vom Land aus ins Wasser – über das Abwasser zum Beispiel oder als verwehte Tüten am Strand. Der allerdings ist auch kein reines Naturvergnügen mehr: Manche Studien legen nahe, dass jedes zehnte Sandkorn gar keins ist – sondern klein gemahlenes Plastik.

2,4 Milliarden Plastiktüten haben wir 2017 allein in Deutschland verbraucht. Und damit jede Menge Rohstoffe: Wenn eine normale Plastiktüte aus 40 Milliliter Rohöl besteht, werden so jedes Jahr 96 Millionen Liter Rohöl verschwendet. Nur um nach häufig einmaligem Gebrauch wieder verbrannt zu werden. Und dabei haben wir noch gar nicht von Strom, Farbe und Aufwand für die Aufdrucke geredet ...

Doch ich könnte die Geschichte auch andersherum erzählen: 2015 wurden noch 5,6 Milliarden Tüten ausgegeben – der Verbrauch ist also um mehr als die Hälfte gesunken. Wir vermeiden seither mehr als die Hälfte an Tütenmüll und verbrauchen weniger Energie, Öl und Wasser zur Herstellung. Im Vergleich zum Jahr 2000 benutzen wir sogar 6,6 Milliarden Tüten weniger.[45] Sprunghaft zurückgegangen ist ihr Verbrauch, seitdem sie nicht mehr kostenlos sind und wir 15 oder 20 Cent an der Kasse dafür zahlen müssen. Was zeigt, dass zum einen gesetzliche Regulierungen eine Menge verändern können und wir andersherum offenbar manchmal einen kleinen Anreiz brauchen, um unser Verhalten umzustellen. Grund für die Änderung in den Läden war eine EU-Richtlinie.

Sie besagt, dass in den Mitgliedstaaten bis zum Jahr 2025 nur noch 40 Tüten pro Kopf und Jahr verbraucht werden dürfen. Daraufhin haben sich das Bundesumweltministerium und der deutsche Handelsverband zusammengesetzt und überlegt, was zu tun ist, um der Richtlinie gerecht zu werden. Man vereinbarte, dass den Unternehmen hierzulande zwei Optionen bleiben: Sie können entweder Geld für Einwegtragetaschen verlangen oder vollständig darauf verzichten. Mit 25 Tüten pro Kopf und Jahr haben wir das EU-Ziel nun schon 2017 weit unterschritten. Was lobenswert ist. Vielerorts sind Einwegplastiktüten aber sogar schon komplett verboten, etwa in Bangladesch und Bhutan, Kalifornien und Kenia, Frankreich und Rumänien. Österreich hat angekündigt, die Plastiksackerl ab 2020 komplett abzuschaffen.

Wenn ich also mal genauer über Müll und Ressourcen nachdenke, sind die beiden kleinen Beutel, die ich für Einkäufe immer in meiner Tasche parat habe, tatsächlich ein umweltfreundlicher Schritt, der mir bislang nicht einmal groß bewusst war und der nix kostet: Für die Beutel habe ich 95 Cent bezahlt, das rentiert sich nach mindestens sechs gekauften Einmaltragetaschen. Und auch die Deutsche Umwelthilfe attestiert mir auf ihrer Website höchstes Umweltbewusstsein: „Ein besonders intelligentes und umweltfreundliches Mehrwegprodukt ist die zusammenfaltbare Tragetasche aus Polyester." Denn: „Stofftaschen und andere Mehrweg-Behälter schneiden aus Umweltschutzsicht deutlich besser ab als alle Arten von Einwegtüten."[46] Bingo! (Leise gestehen muss ich allerdings, dass ich mir beim Klamottenkauf kürzlich sogar zusätzlich zwei große feste Plastiktüten habe geben lassen. Seit wir nur noch wieder verwendbare Stoffbeutel im Haus haben, fehlen mir manchmal größere wasserfeste Verpackungen. Die landen aber nicht nach einmaligem Gebrauch in der Tonne, versprochen.)

Und wie sieht es mit den anderen Alternativen aus?

1. Papiertüten: Sehen in ihrer braunen Färbung so schön öko aus, für ihre Herstellung werden aber mehr Rohstoffe eingesetzt, mehr Wasser verbraucht und mehr Kohlendioxid erzeugt als bei Plastikvarianten. Außerdem sind sehr lange Zellstofffasern notwendig, die chemisch behandelt werden müssen. Heißt: Öko-Aussehen ist nicht immer gleich Öko-Qualität.

2. „Kompostierbare" Plastiktüten: Klingen auf den ersten Blick gut, auf den zweiten Blick schon nicht mehr. Denn: Wirklich kompostierbar sind sie nicht. Sie verrotten nicht auf dem heimischen Misthaufen und erst recht nicht weggeworfen im Wald, sondern höchstens in industriellen Anlagen bei passender Temperatur und Feuchtigkeit. Selbst dort werden sie heute kaum kompostiert. Landen sie in der Biotonne, werden sie derzeit überwiegend aussortiert und verbrannt. Denn auch im Industriekomposter zerfallen sie nicht zu wertvollen Bodenbestandteilen, sondern lediglich zu CO_2 und Wasser. Da ist sogar Verbrennen schlauer, wenn die Wärme genutzt wird.

143

3. Tüten aus nachwachsenden Rohstoffen: Was leicht verwechselt wird: Nicht alle angeblich biologisch abbaubaren Kunststoffe sind aus nachwachsenden Rohstoffen hergestellt – und umgekehrt.[47] Und auch biobasierte Tüten bestehen nur zu etwa 30 Prozent aus nachwachsenden Rohstoffen wie Mais, Kartoffeln oder brasilianischem Zuckerrohr. Aber: Die Energiepflanzen anzubauen, benötigt so viel Erdöl, Pestizide und gewässerschädliche Dünger, dass manche diese Plastiktüten sogar als noch schädlicher einstufen als ihre Schwestern aus Polyethylen. Und der Mais im Kunststoff stammt aus den USA – und ist damit wahrscheinlich genverändert. Außerdem müssen die Tüten dicker sein, weil das Material nicht so reißfest ist, was bedeutet, dass mehr Material eingesetzt werden muss.

4. Einwegtüten mit mindestens 70 Prozent Recyclinganteil: Der CO_2-Ausstoß ist bei diesen Tüten durchs Recycling tatsächlich um 45 Prozent geringer. Wenn unbedingt Einweg, dann ist die recycelte Variante noch die beste.

5. Mehrwegtragetaschen aus Polypropylen: Viele Läden bieten diese Alternative. Und, Überraschung für meine Plastikskepsis: Die ist schon nach drei Einsätzen die umweltfreundlichere Alternative zu ihren Einwegkonkurrentinnen. Zumal viele Mehrwegtaschen aus einem Kunststoff gefertigt sind, der bis zu 90 Prozent aus Recycling-Material besteht und zum Beispiel Getränkeflaschen neues Leben einhaucht. Recycling, das klang für mich lange nach Notlösung oder gar Mogelpackung. Irgendwie hielt sich bei mir immer die Vorstellung, dass sich Joghurtbecher zu nix anderem mehr einschmelzen lassen als zu Schallschutzwänden und Plastikbänken. Und wie viele brauchen wir davon schon? Doch tatsächlich hat sich im Recyclingsektor einiges getan. Manche Getränkeabfüller nutzen selbst für ihre durchsichtigen PET-Flaschen schon 60 Prozent recyceltes PET aus den zurückgebrachten Einwegflaschen. Das sozial engagierte Start-up Share aus Berlin verkauft sein Wasser sogar als erster Anbieter in zu 100 Prozent recycelten Plastikflaschen.[48] Je teurer Öl wird, desto stärker lohnt sich Recycling. Manche Studien legen nahe, dass bestimmte Einwegflaschen schon eine ähnliche Umweltbilanz aufweisen wie Glasflaschen. Denn deren Herstellung ist energieintensiv, zum Waschen müssen sie meist zurück zum Abfüller gebracht werden, außerdem sind sie schwerer, weshalb für ihren Transport mehr CO_2 freigesetzt wird. Ich schleppe trotzdem mein Mineralwasser weiterhin in schweren Kisten ins Haus. Pfandflaschen aus Glas werden 50-mal oder häufiger wiederbefüllt, PET-Mehrweg-Flaschen höchstens 25-mal und die dünnen Plastikflaschen überhaupt nicht, sondern geschreddert und recycelt. Immer mehr Plastikrückstände finden sich im Körper von Menschen und Tieren. Dass sie auch von unseren Verpackungen kommen, ist weder abwegig noch ausgeschlossen. Außerdem füllen gerade die kleineren regionalen Mineralbrunnen und Safthersteller ihre Getränke in Glasflaschen, auch das finde ich charmant.

Was man sonst noch tun kann

Gerade will ich mich mit meinen Einkaufsbeuteln und Glasflaschen zufrieden zurücklehnen, da fällt mir mein Salat in der durchsichtigen Plastikschüssel wieder ein und ich überlege, was ich selbst noch ändern kann. Paprika, Birnen und Co. lasse ich beim Händler oder auf dem Markt direkt in meine Einkaufstasche legen. Im Supermarkt klebe ich die Aufkleber direkt aufs Obst und nehme es lose mit. Nur die Erd- und Himbeeren sind mir schon zu oft wild durch die Gegend gekullert. Aber neuerdings gibt es ja auch für Obst wiederverwendbare Netze. Die werde ich in der nächsten Erdbeersaison auf jeden Fall testen.

Alternative wäre natürlich die wöchentlich gelieferte Gemüsekiste ohne Plastik und Verpackung, klar. Aber ich schwanke noch, ob ich Lust habe, mich in meinen kurzen Mittagspausen mit Pastinaken und Kohlrabi anzufreunden – zumal unsere Sprösslinge aus der Gemüseabteilung nur Gurken, Mais, Tomaten und Spitzpaprika essen. Ich weiß es noch nicht. Ich erkundige mich jedenfalls und höre, dass es zwei Lieferanten bei uns gibt. Manche Gemüsesorten kann man dort ausschließen. Aber ich fange keinesfalls jetzt im Winter damit an. Vielleicht im Frühling, wenn es schönen frischen Salat gibt – ganz ohne Plastikschale ...

Frischhaltefolie kam bei uns ohnehin höchst selten zum Einsatz. Für Essensreste haben wir Glasschalen mit Deckel und gespülte Marmeladengläser. Seit eine Freundin mir wiederverwendbare Bienenwachstücher geschenkt hat, brauche ich Frischhaltefolie gar nicht mehr. Das Wachstuch passt sich gut an und lässt sich mühelos mit warmem Wasser abspülen.

Fragend stehe ich aber immer wieder vor meiner rosa Shampooflasche. Und leider liebe ich schöne Parfum-Duschgels, die ich mir regelmäßig schenken lasse und die immer in dusselige Plastiktuben gefüllt sind. Lieber in Papier verpackte Kernseife? Oder das Rosenseifchen aus dem Stoffbeutel? Letzte Woche habe ich mir Prospekte von Spinnrad mitgenommen mit Rezepten, um Duschgel selbst anzurühren, aber damit sich die Anschaffung des Zubehörs lohnt, müsste ich mir die Zeit nehmen und schon eine ganze Weile dabeibleiben. Immerhin den Schraubbecher meiner letzten Haarkur habe ich aufgehoben. Irgendwer in diesem Haus braucht bald einen Aufbewahrungsort für Fundstücke, Armbänder, Legokleinstteilchen ... Dafür bin ich nun gerüstet. Für den Einkauf plastikfreier Verpackungen bisher leider nicht.

Im normalen Supermarkt ist der kunststofflose Einkauf unmöglich. Unsere Welt ist plastifiziert. Außer Obst und Gemüse steckt nahezu alles in einer hygienischen und makellosen Hülle. Selbst Metzger rücken ihre Wurst nicht immer ohne Folie heraus. Deshalb begeistert mich das bereits erwähnte Konzept der „Unverpackt"-Läden, in denen Nudeln, Mehl, Öl und Gummibärchen in große Röhren und Kanister gefüllt sind, aus denen sich die Kunden die Waren in ihre mitgebrachten Glasflaschen oder Tupperdosen abfüllen. Für die ersten Betreiber war es gar nicht so leicht, überhaupt Händler für ihre Produkte zu finden – die meisten liefern gar nicht unverpackt.

Dabei ist Ware ohne Umhüllung natürlich viel günstiger: Regulär bezahlen wir bei einem Einkauf für zehn Euro rund zwei für die bunt bedruckten Verpackungen, auf die Firmen auch deshalb natürlich höchst ungern verzichten, weil sie immer auch Werbeträger sind, Kaufanreize bieten und die Marke unterscheidbar machen. Nun freue ich mich auf den Unverpackt-Laden in meiner Nähe, denn unsere Plastiktonne quillt erschreckend oft über.

Mikroplastik dagegen füllt zwar nicht die Tonne, denn die Partikel sind winzig klein. Schädlich ist es trotzdem – oder gerade deshalb. Einmal in die Natur gelangt, kann niemand es wieder einfangen. Die Folgen sind noch nicht erforscht. Klar ist nur: Die bis zu fünf Milimeter kleinen Teilchen entwischen auch den Kläranlagen und landen irgendwann im Meer. Plastik bindet durch seine Beschaffenheit gern Umweltgifte an sich, kleine Organismen fressen die Teilchen, werden selbst von Fischchen geschluckt und die wiederum von großen Fischen – und irgendwann könnte das Plastik in unserem Körper landen. Mikroplastik im Meer entsteht vor allem dann, wenn größere Plastikteile durch Wind, Sonne und Gezeiten zersetzt werden. Insgesamt weniger Plastik herzustellen und zu verbrauchen, bleibt also auch im Kampf gegen Mikroplastik das wichtigste Mittel. Doch die winzigen Partikel gelangen auch auf anderen Wegen ins Meer und schlussendlich in Organismen. Die größten Quellen für diese sogenannten „primären" Mikropartikel sind Reinigungsmittel, Wachse und die Kunststoffproduktion, außerdem Chemiefasern aus unserer Kleidung und der Reifenabrieb aus dem Straßenverkehr. Daneben werden Mikroplastikteilchen seit einigen Jahren auch gern in Peelings und anderen Kosmetikartikeln eingesetzt, weil sie so schön schrubben, schleifen, füllen oder binden. Selbst wenn sie mengenmäßig weniger ins Gewicht fallen, finde ich sie an dieser Stelle besonders unnötig. In Schweden sind Kosmetika mit Mikroplastik bereits verboten. So weit sind wir noch nicht. Das Perfide: Als Konsumentin kann ich die Mikrokügelchen auch auf der Zutatenliste kaum erkennen. Die Inhaltsstoffe werden so unverständlich angegeben, dass es sich ohne genauere Sachkenntnis gar nicht und auch sonst nur schwer erkennen lässt. Der Bund für Umwelt und Naturschutz in Deutschland hat einen Einkaufsratgeber erstellt, in dem Produkte mit den Kunststoffpartikeln gelistet sind.[49] Wer sich die Mühe macht nachzuschauen, kann das „Smooth Shower Gel" oder die „Skinmatch Compact Creme" also gezielt meiden. Zahncreme-Hersteller verzichten dankenswerterweise mittlerweile häufig wieder auf die Schleifhilfe. Die eindeutige Alternative gibt's ansonsten im Bioladen: Zahnpasta mit keramischen oder anderen alternativen Inhaltsstoffen. Hm. 100 Milliliter des veganen Zahngels mit Süßholz und Stevia – aber ohne Mikroplastik – kosten knapp fünf Euro. Meine Penny-Zahnpasta kostet 49 Cent – ein Zehntel. Da ich ohnehin nicht weiß, ob überhaupt Mikroplastik in meiner Billigpaste enthalten ist, fange ich lieber mit den kostengünstigeren Plastikvermeidungstipps an. Packe mir plötzlich aber an den Kopf, als mir meine eigene Unlogik schlagartig ins Bewusstsein plumpst: Mein Salat in der Plastikschüssel war natürlich viel teurer, als es jeder frische Kopfsalat mit selbst gerösteten Croûtons gewesen wäre. Aber eben auch schneller und bequemer. Offenbar lasse ich mir das, ohne darüber nachzudenken, eine Menge kosten. Was will ich mir eigentlich wirklich etwas kosten lassen?

Links

Einkaufsratgeber vom BUND: *https://bit.ly/1hp9ssi*

Chemie drin?

Seit Juni 2013 kann man beim Umweltbundesamt erfahren, ob in einem in der EU gefertigten Produkt eine von 155 derzeit als besonders besorgniserregend eingestuften Chemikalien enthalten ist, weil sie etwa im Verdacht steht, Krebs hervorzurufen oder das Erbgut zu schädigen. Der Hersteller ist zur Auskunft verpflichtet, hat allerdings dafür 45 Tage Zeit. Wer nachfragt, zeigt den Unternehmen auch, dass das Thema zahlende Kunden interessiert. www.reach-info.de/auskunftsrecht.htm

09
REISELUSTIG

Alles prima fürs Klima?

*„„Und Gott sah, dass das Licht gut war' (1. Mose 1,4a).
Dass Gott sein Werk ansieht und sein Wohlgefallen an
ihm hat, weil es gut ist, das heißt, dass Gott sein Werk
liebt und darum erhalten will."*
Dietrich Bonhoeffer

*„Gott braucht mich nicht, um seinen Planeten zu retten.
Er könnte mit der Komplettsanierung gleich morgen selbst
beginnen. Doch ob uns nun nur noch ein Tag bleibt oder
viele Jahrhunderte, er möchte, dass wir gute Verwalter
sind, die sich angemessen um sein Eigentum kümmern."*
Joel Salatin[50]

Wenn ich hier in Hamburg mit der S1 oder der S3 zu den Landungsbrücken fahre und Richtung Elbe laufe, überkommen mich auch nach all den Jahren in Hamburg Urlaubsgefühle. Elbwasser, Möwengeschrei und Hafenkräne tragen einfach die weite Welt in sich. Viele Menschen wiederum lassen sich von hier aus umgekehrt in die weite Welt hinaustragen.

Als wir kürzlich mit Freunden abends über den Fischmarkt und die Große Elbstraße vorbei am Schellfischposten spazierten, glitt zwischen den Hafengebäuden plötzlich ein 16-stöckiges Hochhaus vorüber. Eindrucksvoll und bizarr und beängstigend – dieser Luxusliner war alles zugleich. Und zudem höchst klimaschädlich.

Hamburg zählt weltweit zu den Hochburgen der Kreuzfahrtindustrie. 2018 kamen 915 000 Passagiere in unseren Hafen – 100 000 mehr als im Jahr zuvor und der Trend hält an. Weltweit wählten über 27 Millionen Menschen diese Urlaubsform.[51] Erschreckend sind aber vor allem Umweltschäden. Es gibt gute Gründe dafür, dass Reiseportale empfehlen, auf weiße Kleidung an Bord zu verzichten. Was da aus den Schiffsschloten qualmt, lässt sich auch auf der Kleidung nieder. Von der Natur ganz zu schweigen.

Natürlich habe ich gut reden. Mich hat noch niemand zu einer Kreuzfahrt eingeladen und noch nie die wilde Lust gepackt, mich mit 5517 anderen Leuten auf die Symphony of the Sea sperren zu lassen, um mir erst Eislaufshows anzugucken und dann im Solarium oder an der Poolbar abzuhängen. Es kostet mich also nichts, an der Kreuzfahrtbranche herumzunörgeln. Eigentlich meide ich solche Themen deshalb gern. Aber die nackten Zahlen hauen mich regelmäßig um. Der NABU hat Messungen unternommen und die Abgaswerte mit denen von Autos verglichen: [52]

- CO_2: Der Klimakiller wird pro Tag und Schiff in einer Menge in die Luft gepustet, die der von 84 000 Autos entspricht.

- Stickstoffoxide: Sie schädigen Pflanzen, versauern Böden und führen zu Herz-, Kreislauf- und Atemwegserkrankungen. [53] Ausstoß pro Tag und Schiff: so viel wie von 421 000 Autos.

- Feinstaub: Kann in Atemweg und Blutbahn eindringen und im Körper Entzündungen, Krebs und andere Erkrankungen hervorrufen.[54] Ausstoß pro Tag und Schiff: so viel wie von einer Million Autos.

- Schwefeldioxid: Kann Schleimhäute und Augen reizen, Pflanzen schädigen und Gewässer übersäuern. Ausstoß pro Tag und Schiff: so viel wie von über 376 Millionen Autos.

Stimmen die Zahlen, könnten also alle 46 Millionen in Deutschland zugelassenen Autos acht Tage lang fahren –

und damit einen gigantischen Verkehrskollaps verursachen –, würden damit aber immer noch nicht so viel Schwefeldioxid ausstoßen wie ein einziger Kreuzfahrtriese an einem einzigen Tag. Dass der Anteil von Schwefeldioxid am höchsten ist, liegt daran, dass diese Schiffe mit billigem Schweröl fahren, einem giftigen Abfallprodukt der Ölraffinerien. An Land ist es wegen seines 3500-mal höheren Schwefelgehalts völlig verboten, auf den Weltmeeren völlig legal.[55] Besser wäre die – durchaus mögliche – Umrüstung der Schiffe auf Flüssiggas (LGN). Doch nicht einmal die bis zu 500 Millionen Dollar teuren Schiffe, die schon in den Auftragsbüchern stehen und in den nächsten Jahren gebaut werden, erhalten diesen immerhin vergleichsweise umweltfreundlicheren Antrieb. 2018 gab es nur ein einziges Kreuzfahrtschiff, das mit Flüssiggas unterwegs war: die AidaNova. Schiffe wie sie stoßen bis zu 99 Prozent weniger Feinstaub aus. Dass alle anderen weiterhin billiges, giftiges Schweröl tanken, ist so umweltignorant wie unglaublich. Vor allem wenn man bedenkt, dass an Luxusrestaurants, Komfort, Surfsimulatoren, Sushiworkshops und Musicals keinesfalls gespart wird. Umweltfreundlichkeit scheint bei Kreuzfahrttouristen kein Konkurrenzvorteil zu sein. Lese ich dann noch, dass laut NABU selbst bei Vergnügungsreisen in die empfindliche Antarktis keine Abgasfilter zum Einsatz kommen und Menschen, die eine beeindruckende Natur bestaunen wollen, genau diese buchstäblich mit Volldampf schädigen, frage ich mich, was Reedereien und Gesetzgeber eigentlich endlich zum Umdenken bewegen würde. Und dabei haben wir bisher nur über die Abgase gesprochen. Hinzukommt auf jedem Schiff der Energieverbrauch in Höhe einer ausgewachsenen Kleinstadt: Gastronomie, Kühlung, Unterhaltung und vieles mehr müssen betrieben werden. Zudem werden ungeklärtes Abwasser etwa von den Toiletten und Schlammrückstände vom Schweröl ins Meer gelassen, genau wie tonnenweise Lebensmittelabfälle der Restaurants, die das Meer überdüngen, was mit zu ihrem bedrohlich niedrigen Sauerstoffgehalt führt.

Theoretisch könnte man viel tun

An guten Ideen, wie sich die schlimmsten Schäden der Kreuzfahrtbranche minimieren ließen, mangelt es nicht. Hier in Hamburg wurde gerade eine zehn Millionen Euro teure Landstromanlage eingeweiht. Wenn die Schiffe im Hafen liegen, sollen sie so ihre Dieselgeneratoren abstellen können. Guter Plan. Leider ist die AidaSol die Einzige, die sie derzeit nutzt – und das nur zweieinhalb Stunden am Tag, bei einer Liegezeit von 15 Stunden. „Das Problem ist, dass Schiffe immer noch viel zu billig ihren dreckigen Strom an Bord erzeugen können", sagt Sönke Diesener vom NABU Hamburg. Auch auf Stickoxid-Katalysatoren und Filter für Rußpartikel setzen nur vereinzelt Schiffe. Und selbst bei weniger Abgasen: Auch Flüssiggas sorgt als fossiler Brennstoff für CO_2-Emissionen. Deshalb formuliert die Branche selbst hochfliegende Visionen von einem Umstieg auf Wasserstoff[56], der mithilfe von Brennstoffzellen in die nötige Energie umgewandelt wird. Sonnenkollektoren und Segel sollen Strom erzeugen, verbrauchtes Wasser soll wiederaufbereitet werden, Schiffe sollen durch neue Materialien leichter werden und damit ihren Treibstoffverbrauch senken.

Offenbar ist der Druck aber noch nicht hoch genug und die Anreize zu klein, um all diese Ideen umzusetzen, denn faktisch tut sich kaum etwas. Müssten die Reedereien die wirklichen Kosten zahlen, die sie an unserem Planeten verursachen, sähe die Sache anders aus. Bislang zahlen aber wir alle den Preis, weil mehr Menschen an allem Möglichen erkranken, weil Fische und Pflanzen sterben und der Klimawandel voranschreitet. Privater Gewinn, aber auf alle verteilte Kosten. Welcher Unternehmer würde das ändern wollen? Ein paar Jahre Kreuzfahrtverzicht vieler Reisenden könnte die Reedereien wachrütteln, bis sie endlich gegensteuern. Oder ein paar empfindliche Verbote, in europäische Häfen einzufahren – solange sie auf Schweröl setzen und keine Filter nutzen.

4750 Kilometer Autonutzung

Ohne Kreuzfahrten bin ich bislang ganz gut durchs Leben gekommen, bilde ich mir ein. Ohne andere Verkehrsmittel nicht. Immerhin arbeite ich von zu Hause aus und spare jede Woche viele hunderte Kilometer, die ich früher über die Autobahn ins Büro gefahren bin. Zu dienstlichen Sitzungen und Konferenzen nehmen der Gatte und ich fast immer die Bahn. Vielleicht liegt es daran, dass in Hamburg viele Züge starten und dass wir – wann immer möglich – durchgehende Verbindungen buchen: die Deutsche Bahn hat uns bislang fast immer zuverlässig an unser Ziel gebracht, oft erwischen wir sogar pünktlich unsere geplante S-Bahn nach Hause. (Bei aller – bestimmt berechtigter – Bahnkritik soll das auch mal laut gesagt werden!) In meinem Stadtviertel fahre ich gern mit meinem gebrauchten Rad zu Freunden und zu näheren Geschäften. Aber weder für unsere wöchentlichen Großeinkäufe noch sonntagmorgens zum Gottesdienst in unserer 20 Kilometer entfernten Kirche mag ich mich auf den Drahtesel schwingen. Es gibt doch persönliche Grenzen, merke ich. Unsere Autofahrten zum Supermarkt, zu Musik- und Sportunterricht, zu Gottesdiensten, Seminaren, Kneipen und in den Urlaub summieren sich bei uns als Familie jährlich auf 19 000 Kilometer. Wenn ich darüber nachdenke, für welche dieser Strecken wir stattdessen unkompliziert öffentliche Verkehrsmittel nehmen könnten, fällt mir genau keine einzige ein. Was natürlich am Wörtchen unkompliziert liegt. Mit dem Auto brauchen wir 25 Minuten zu unserer Kirche. Mit S- und U-Bahn und 25-minütigem Fußweg doppelt so lang. Und könnten sonntagmorgens außerdem noch eine halbe Stunde weniger schlafen. Früher mit Kleinkindern haben wir in Schleswig-Holstein Urlaub gemacht – heute fahren wir ein paar tausend Kilometer und konnten uns zur zweiwöchigen Radtour noch nicht durchringen. Für unsere Großeinkäufe bräuchten wir entweder ein Lastenfahrrad oder müssten mindestens alle zwei Tage losradeln. Beides nicht unmöglich, es würde aber mehr Zeit kosten und die Wasserkästen wären trotzdem ein Problem. Immerhin versuchen wir, unsere Einkäufe so oft wie möglich zu erledigen, wenn wir ohnehin unterwegs sind wie etwa zum Training der Sprösslinge. Wenn sie größer sind, können sie sicher zu manchen ihrer Hobbys radeln, vorerst bringen wir sie noch im Elterntaxi. Macht unterm Strich also 4750 Kilometer Autonutzung für jeden von uns vier. Richtig glücklich bin ich damit nicht. Denn der Verkehr ist hierzulande für mehr als 18 Prozent der Treibhausgasemissionen verantwortlich.[57] Dazu tragen natürlich erheblich alle Waren bei, die statt über die Schiene im LKW über unsere Straßen transportiert werden, aber meine eigenen Fahrten summieren sich auch. Rechnet man alle Folgen, die unser persönlicher Lebensstil für die Umwelt hat, zusammen, fällt im Durchschnitt etwa ein Viertel davon auf unsere Fahrten, Flüge und Reisen. Kein geringer Anteil also. Umso unbefriedigender finde ich das Thema Autofahren in meinem Alltag.

Die warme Decke aus Treibhausgasen

Unglücklicherweise fliege ich auch noch ausgesprochen gern. Für Besuche bei meiner Freundin in Süddeutschland habe ich bisher immer gern die Dienste der Lufthansa in Anspruch genommen. Mit langfristiger Buchung und zu den günstigsten Zeiten ist das nicht einmal viel teurer als Bahnfahren. Erschreckenderweise. Denn klimatechnisch steht es natürlich schlecht ums Fliegen. Das war mir schon damals klar.

Kerosin wird verbrannt und damit werden CO_2 und andere Gase freigesetzt. Diese legen sich wie eine wärmende

Schicht um die Erde. Normalerweise entweicht ein Teil der Wärme von der Erde Richtung Weltall. Je mehr CO_2, Methan und andere Klimagase den Weg dorthin aber blockieren, je dichter die warme Decke also ist, desto höher steigen die Temperaturen. Das ist der berühmte Treibhauseffekt. Was für Gurken und Tomaten hinter Glas sehr erwünscht ist, führt auf der Erde dazu, dass Meere sich erwärmen und Eisschichten und Gletscher schmelzen. Der Meeresspiegel steigt. Zudem reflektieren die weißen Eisflächen die Sonne. Werden sie kleiner, wird die Erderwärmung weiter verstärkt. Erwärmt sich das Wasser, hat es eine größere Ausdehnung. Auch dadurch steigt der Meeresspiegel. Ein wärmeres Klima kann Extremwetterlagen begünstigen.

Als ich zu einem Vortrag über nachhaltiges Leben nach Süddeutschland eingeladen werde, muss ich diesem Fakt endgültig ins Auge sehen. Fliegen ist keine Option. Ich kann schlecht über ein fairrücktes und nachhaltiges Leben sprechen und dann als Reisekosten einen Flug abrechnen. Der weltweite Flugverkehr trägt etwa zu fünf Prozent zur globalen Erwärmung bei.[58] Eine Milliarde Tonnen CO_2 pusten die Flieger jährlich in die Luft. Besonders brisant ist das in der Höhe, die vor allem Langstreckenflüge erreichen. Denn in diesen Luftschichten entwickeln Treibhausgase eine wesentlich größere Wirkung als in Bodennähe. Außerdem gelangen Stickoxide, Ruß und Kohlenmonoxide in hohe Luftschichten. Um diese Partikel herum können sich Tröpfchen anlagern: Es bilden sich Wolken in einer Luftschicht, die von Natur aus keine kennt. Forscher vermuten inzwischen, dass diese Kondensstreifen und Zirruswolken die Erde zusätzlich aufheizen. Flugabgase sind demnach noch schädlicher als die von Autos oder Fabriken. Warum Kerosin unter diesen Bedingungen steuerfrei ist – im Gegensatz zum Autobenzin, dessen Preis zur Hälfte besteuert wird –, darf man sehr laut fragen. Auch höhere Ticketsteuern, erst recht für die Business Class, deren Sitze mehr Platz beanspruchen, fände ich überlegenswert.

Zu meinen Vorträgen in Süddeutschland bleibt mir also die Schiene als Alternative. Ehrlich gesagt graut mir aber davor. Grundsätzlich fahre ich schon gern Bahn. Von Hamburg nach Berlin zum Beispiel. Oder nach Bremen. Spätestens ab Kassel rutsche ich aber nervös auf meinem Sitz hin und her und würde gern meinen Sitznachbarn zurufen, sie mögen doch etwas tun, damit wir endlich ankommen. „Lad dir doch 'ne Netflixserie runter – dann kriegst du die Fahrt schon rum", rät mir eine Freundin und ich trete schließlich tapfer die sechseinhalbstündige Reise an – mit Serie, Arbeit und Lektüre in meiner neuen, extragroßen Reisetasche aus dem Secondhandshop. Und bereue am Ende nichts: Ich komme in der Bahn definitiv mehr zum Arbeiten als auf jedem Flug zuvor, habe auf der Rückfahrt ein nettes Gespräch mit einer amerikanischen Studentin – und bin seither tatsächlich nie wieder nach Süddeutschland geflogen, sondern immer übers Gleis gereist. Ein reines Gewissen fühlt sich so schön an.

Flugbedenken

Dann aber plane ich mit einer Hamburger Freundin eine Konferenz in Zürich zu besuchen. Neun Stunden Bahnfahrt würden zwei zusätzliche Reisetage bedeuten, ohne vorher oder nachher auch nur Zeit für einen Spaziergang zu haben. Also buchen wir nach (sehr kurzer ...) Bedenkzeit Swiss Air. Zeitersparnis: insgesamt rund sieben Stunden. Gewinn: ein Stadtbummel durch Zürich und ein Mittagessen draußen bei strahlendem Sonnenschein vor unserem Rückflug. Ich genieße die wunderschöne Stadt, das weltstädtische Flair an den Flughäfen, die endlose Weite über den Wolken – und bin mir am Ende trotzdem nicht sicher, ob ich es noch einmal so machen würde.

In Schweden kennt man ein Wort für dieses Gefühl: Flygskam – zu Deutsch: Flugscham. Schwedische Sportler, Musikerinnen und Journalisten weigerten sich zu fliegen und taten das sehr öffentlich. Der Kulturchef der Tageszeitung „Expressen" nannte den „idiotischen Lebensstil" der Vielfliegerei gar den „teuersten Selbstmord der Weltgeschichte."[59] Tatsächlich stieg seither dort die Nutzung von Nachtzügen erheblich und die der innerschwedischen Flüge begann immerhin leicht zu sinken.

Schon während der Schweizreise entscheide ich, wenigstens eine Ausgleichszahlung zu leisten. Etliche Anbieter rechnen den CO_2-Ausstoß eines Fluges aus und nennen eine Spendensumme, die an Klimaschutzprojekte in der Zweidrittelwelt geht. Bei Atmosfair wird sie sogar genau nach Airline und Flugzeugtyp aufgeschlüsselt. Für die 1500 Kilometer lange Strecke von Hamburg nach Zürich wird mir so ein Ausstoß von 478 Kilogramm CO_2 nachgewiesen. Dafür hätte ich – je nachdem, wen man fragt und was man bei beiden Verkehrsmitteln einberechnet – fünf- bis zehnmal mit der Bahn fahren können.

Wenn wir die Ziele des Pariser Klimaabkommens noch erreichen wollen, damit die Erwärmung auf zwei Grad begrenzt bleibt, darf jeder Mensch weltweit nur 2,3 Tonnen CO_2 im Jahr verursachen.[60] Insgesamt. Also inklusive Auto fahren, Fleisch essen, Heizen, Haare föhnen, Handy aufladen – was immer Kohlendioxid freisetzt, zählt dazu. Mit meinen 478 Kilogramm habe ich somit schon fast ein Fünftel meines Budgets für dieses Jahr erreicht. 1,5 Tonnen verursacht mein Anteil an unseren 19 000 Autokilometern. Da bleibt nicht mehr viel für Föhn und Bio-Schnitzel.

Der Gedanke hinter Ausgleichszahlungen ist der, das verursachte CO_2 an anderer Stelle wieder einsparen zu helfen. Atmosfair beispielsweise baut und repariert Biogas-, Solar- und Wasserkraftanlagen in Ländern wie Äthiopien, Thailand oder Honduras. In Ruanda etwa schrumpft der Wald, weil Menschen Feuerholz schlagen. Effizientere Öfen minimieren den Holzverbrauch um 80 Prozent. Dadurch bleiben die Wälder verschont, speichern CO_2 und schützen so fortan das Klima. Für meine 478 Kilogramm CO_2-Ausstoß wird mir auf der Website eine Ausgleichszahlung von zehn Euro genannt. Wenn ich gern eine Spendenbescheinigung und ein Zertifikat hätte, könnte ich mich registrieren. Ich überweise das Geld aber einfach so und hoffe, dass es tatsächlich gute Projekte mitfinanziert. Auch die christlichen Kirchen haben mit „Klima-Kollekte" eine Organisation gegründet, die über Kompensationszahlungen Energieeffizienz in der Zweidrittelwelt fördert.

Klar, solche Zahlungen bleiben eine Notlösung. Meine 478 Kilogramm CO_2 verschwinden dadurch nicht und sie werden durch mein Stückchen Ofen in Ruanda auch kaum vollständig eingespart werden. Aber ich finde, es ist besser als nichts. Bisher jedenfalls habe ich noch nie für Klimaprojekte gespendet – erst mein Flug war der Anlass dafür. Völlig tatenlos zu bleiben, ist immer die noch schlechtere Alternative. Wobei gar nicht zu reisen, unser Planet wohl gutheißen würde.

Meine Klimarechnung

Das bestätigt mir auch der CO_2-Rechner des Umweltbundesamtes. Zu den Stichworten „Heizung", „Strom", „Mobilität", „Ernährung" und „Sonstiger Konsum" gebe ich hier meine persönlichen Werte ein und erfahre, für wie viel CO_2 ich in diesem Jahr verantwortlich bin. Der deutsche Durchschnitt liegt bei 11,63 Tonnen. Fünfmal mehr als die 2,3 Tonnen, die erlaubt sind, wenn das Klima sich nur um zwei Grad erwärmen soll. Ich erreiche mit meinen Angaben 7,09 Tonnen. Dreimal mehr als angemessen. 1,45 Tonnen davon gehen allein aufs Konto meiner Mobilität.

Immerhin liege ich damit unter dem deutschen Durchschnitt – und, was man häufig gar nicht denkt: Meine Ernährung ist für ähnlich viel CO_2-Ausstoß verantwortlich
wie meine Reisen mit Auto, Bahn und Flieger.

Auch Ideen für ein anderes Zukunftsszenario schlägt der
Rechner mir vor und fragt, ob ich beispielsweise Tempo-
limits und autofreie Innenstädte befürworte. Kann ich
mir Urlaub in der eigenen Region vorstellen? Und wäre
für mich eine schrittweise, aber kräftige Verteuerung fossiler Kraftstoffe denkbar – etwa auf bis zu 3,30 Euro pro
Liter Diesel im Jahr 2050? Mir wäre lieber, wir könnten
noch bis zum Jahr 2049 damit warten – aber ich fürchte,
ohne reichlich frühere und drastische Einschnitte wird es
nicht gehen. Zumal ich den Eindruck habe, persönlich gar
nicht an so vielen Stellschrauben drehen zu können, wenn
ich nicht Selbstversorgerin im Wald werden möchte. Ich
bin darauf angewiesen, dass Autohersteller klimaneutrale
Autos bauen und die Energiewende schleunigst voran-
kommt. Es wird nicht gehen, ohne dass Industrie und
Landwirtschaft auf treibhausgasfreie Produktion unserer
Waren und Lebensmittel umstellen. Kluge Regulierungen
müssen dafür sorgen, dass weniger schädliche Gase in die
Luft entweichen. Das gibt's nicht umsonst. Jeder muss in
die Tasche greifen. Aber teuer wird es erst recht, wenn wir
irgendwann die Kosten des Klimawandels bezahlen: wenn
wir den Hochwasserschutz gegen den steigenden Meeresspiegel ausbauen müssen, wenn Schäden durch Extremwetterlagen und Kosten durch Krankheiten entstehen, die

vorher nur in anderen Klimaregionen auftraten. Um nur ein paar kostspielige Folgen zu nennen. Da erscheint es mir schlauer, jetzt Geld dafür in die Hand zu nehmen, um den Klimawandel zu stoppen. Deshalb: Mein Klick bei „Ja".

Meine Bereitschaft halte ich für extrem wichtig. Denn nur wenn wir – die Verbraucherinnen, Steuerzahler und Wählenden – mit den Ausgaben und Klimaschutzregeln unserer Regierung einverstanden sind, kann das was werden. Deshalb hängt mein eigenes kleines Tun, meine Auseinandersetzung mit dem Fliegen, mein Versuch, Strom zu sparen, eng mit der großen Politik zusammen. Bei allen Themen komme ich privat an meine Grenzen. Bei der globalen Klimaerwärmung mit ihren Auswirkungen für Eismassive am Nordpol und für bald überflutete Inseln im Pazifik spüre ich meine Machtlosigkeit besonders deutlich.

Bis 2030 will Deutschland seinen Ausstoß von CO_2 um 40 Prozent gegenüber 1990 senken. Aber wir verpassen schon das Zwischenziel von 14 Prozent bis 2020. Auf dem jährlichen Klimaschutz-Index lagen wir 2018 nur auf Platz 27 – noch hinter Ländern wie Indien, Rumänien und der Slowakei. Wichtiger Grund dafür ist unser immer noch hoher Verbrauch von Braunkohle mit seinen enormen CO_2-Emissionen. Warum boomen bei uns nicht Windkraft, Photovoltaik und alle anderen erneuerbaren Energieformen? Liegt es am Lobbyismus der fossilen Energieerzeuger? Denn die Technik für eine klimaschonende

Energieversorgung gibt es doch längst. Jobs würden hier auch entstehen.

Wäre eine „allgemeine CO_2-Bepreisung", wie der Bundesrechnungshof sie vorschlägt, eine Hilfe beim Fortschritt? Die Idee: Verteuert man Kohle, Öl und Gas, verlieren sie ihren Kostenvorteil gegenüber erneuerbaren Energieformen. Dann lohnen sich Investitionen in Wärmepumpen, Solaranlagen und Wasserkraftwerke. Der Umstieg auf Elektroautos und öffentliche Verkehrsmittel ist finanziell interessant. Werden diese Klimaabgaben absehbar und schrittweise eingeführt, haben Unternehmen einen Anreiz und Zeit, Produkte zu entwickeln, die ohne Ausstoß von Treibhausgasen auskommen. Sprit und Heizkosten würden teurer. Klar. Wir Verbraucherinnen müssten zehn Milliarden Euro pro Jahr aufbringen, wenn der Preis pro Tonne CO_2 bei 30 Euro läge.

Doch in der Schweiz hatte man eine Idee, damit niemand über Gebühr strapaziert wird. Dort wurde diese Abgabe schon 2008 eingeführt. Statt die Einnahmen in die Staatskasse zu werfen, zahlt man allen Unternehmen und allen Privatpersonen einen Ökobonus zurück. Man verteilt das Geld gleichmäßig an alle. Das heißt: Wer wenig CO_2 verbraucht, hat unterm Strich mehr im Portemonnaie. Wer viel verbraucht, zahlt drauf. Energieintensive Unternehmen können Ausnahmen beantragen, müssen sich im Gegenzug aber verpflichten, ihren Ausstoß von Treibhausgasen zu verringern. Ob die CO_2-Abgaben weiter erhöht werden, wird in der Schweiz davon abhängig gemacht, ob die Emissionen tatsächlich um die vorher festgelegten Werte gesunken sind.

Damit all solche Ideen und Gesetze bei uns diskutiert und umgesetzt werden können, brauchen die Entscheider hierzulande meine Stimme. Und ich merke: Je mehr ich versuche, selbst im Kleinen zu tun, desto mehr bin ich bereit, mich hinter Regulierungen zu stellen. Ich halte die Klimaerwärmung für die drängendste aller Umweltschutzfragen. Und weil die Frage so groß, so global, so dringend ist, müssen meine persönlichen Entscheidungen wie Flugabstinenz, fleischarme Ernährung und Solaranlage für Warmwasser auf unserem Dach zusammenkommen mit den großen Stellschrauben in Braunkohlewerken, Industrie, Verkehr und Landwirtschaft. Und zwar weltweit. Auch Deutschland allein wird das Klima nicht retten. Aber bevor ich darüber in Ohnmacht versinke, fang ich bei mir an und poche darauf, dass sich in der großen Politik was dreht.

Links

Kreuzfahrtranking: *nabu.de/news/2018/08/25034.html*

CO_2-Ausgleichszahlungen: *arktik.de; atmosfair.de; klimakollekte.de; myclimate.org; primaklima.org*

CO₂-Rechner

Vom Umweltbundesamt: *uba.co2-rechner.de/de_DE/*

Von Brot für die Welt: *fussabdruck.de*

Für Lebensmittel: *kilmatarier.com*

Für Verkehrsmittel: *www1.wdr.de/wissen/technik/ co2rechner*

Kritischer Faktencheck

Lobbyisten und Marketingleute können viel erzählen, aber nicht immer stimmen Zahlen und Zusammenhänge. Diese für kritischen Journalismus ausgezeichnete Website hinterfragt, was gesagt wird: *klima-luegendetektor.de.*

Kleine Tipps zum Stromsparen

– Herdplatten wählen, die ähnlich groß sind wie die Töpfe und Pfannen. Zum Kochen nicht mehr Wasser nehmen als nötig.

– Lebensmittel aus der Tiefkühltruhe im Kühlschrank auftauen – das hilft dort, die Temperatur zu senken. Den Kühlschrank nicht zu kalt stellen: Kühler als sieben Grad brauchen Lebensmittel es nicht. Bei den meisten Kühlschränken ist das eine der niedrigsten Stufen. Gefrierschrank einmal jährlich abtauen.

– Den Backofen nur für empfindliche Gerichte vorheizen. Geschirr nicht vorspülen, wenn die Spülmaschine mindestens alle zwei Tage läuft.

– Elektrische Zahnbürsten nach dem Laden wieder ausstöpseln, statt dauerhaft am Strom zu lassen. Gilt auch für alle anderen Elektrogeräte: Stand-by = nie gut. Beim Kauf elektrischer Geräte auf geringen Stromverbrauch achten.

– Wenige Küchengeräte besitzen. Schont Platzbedarf und Ressourcen. Und Handmixer und Pürierstab sind sparsamer als wuchtige Küchenmaschinen.

– Stromfressende Halogenstrahler beim nächsten Defekt gegen effizientere LED-Leuchten austauschen.

– Wäsche so kalt wie möglich waschen. Häufiger überlegen, ob zwanzig Grad nicht auch reichen. Schont nebenbei auch Shirts & Co.

– Fenster nicht dauerhaft kippen, weil zu viel Heizenergie entweicht. Lieber öfter querlüften.

– Weniger heizen: Jedes einzelne Grad weniger soll bis zu sechs Prozent Energie sparen. Deshalb Strickjacke statt Saunatemperaturen. In ungenutzten Räumen die Heizung runterregeln.

Ideen zum Klimaschutz

Wenn alle mitmachen, wird was draus. (Niemand sagt, dass es einfach ist ...)

– Unterwegs: Weniger fliegen, weniger Auto fahren, so oft wie möglich Rad und Bahn nutzen.

– Sonntagsbraten: Steak und Schnitzel sind für jede Menge klimaschädliches Methan verantwortlich, weil Schweine und vor allem Rinder es bei der Verdauung produzieren. Sojafutter sorgt für Abholzung des Regenwaldes, der große Mengen CO_2 speichert. Deshalb: Wochentags Gemüse gegen den Treibhauseffekt. Wer einen zusätzlichen fleischfreien Tag in der Woche einlegt, kann im Jahr bis zu einer halben Tonne CO_2 einsparen.

– Biogemüse: Durch Kunstdünger wird Lachgas freigesetzt, das 300-mal klimaschädlicher ist als CO_2. Ökolandbau verzichtet auf Kunstdünger. Biolebensmittel sind daher netter zum Klima. Wer selbst anbaut – und seien es Tomaten auf dem Balkon oder die Petersilie auf der Fensterbank –, spart den Sprit für den Transport vom Feld.

– Geldanlagen: Wer genug Geld hat, um es anzulegen, kann fossile Brennstoffunternehmen bewusst meiden.

– Umweltsiegel: Auf den „Blauen Engel" achten. Er kennzeichnet auch geringeren Energieverbrauch bei der Herstellung eines Produkts.

– Ökostromanbieter: Anbieter mit dem „Grüner Strom"-Label nutzen zu 100 Prozent erneuerbare Energiequellen wie Wasserkraft oder Wind. Infos: *gruener-strom-label.de.*

– Bäume pflanzen: im Garten, auf Brachflächen, mit Schulklassen, als Dorfinitiative oder über Aufforstungsprojekte weltweit.

– Kinder begeistern: Ihnen Wälder und Landschaften zeigen. In Kita und Schule nachfragen, was getan wird. Naturnahe Ausflüge anregen. Bücher zu Umweltthemen verschenken.

10
GROSSZÜGIG

Gib mir Zucker, Baby

„Es macht mich traurig, dass sich so viele von uns für eine einsame Welt aus Unabhängigkeit und Reichtum entschieden haben und sich damit zufriedengeben, wenn wir doch alle die Fülle eines Lebens in Gemeinschaft und Gegenseitigkeit erfahren könnten."
Shane Claiborne[61]

„Geben macht glücklicher als Nehmen."
Apostelgeschichte 20,35 HFA

Ich finde, Großzügigkeit ist eine der schönsten Eigenschaften eines glücklichen Menschen. Ich vergesse nie, wie wir während der Mittagspause einer Konferenz in großer Runde in einem Restaurant saßen und eine temperamentvolle Frau, die ich nur flüchtig kannte, von ihrem spannenden Berufsalltag erzählte, den sie bewusst mit anderen Christen und nach christlichen Maßstäben organisierte. Als wir am Ende zahlen wollten, winkte der Kellner ab – das habe sie schon alles erledigt. Was für ein schönes Zeichen unkomplizierter Großzügigkeit! Der Gier, dem Haben-Wollen will ich die Großzügigkeit entgegenstellen.

Einer meiner Lieblingsliedtexte stammt von Gerhard Schöne und er inspiriert mich, Großzügigkeit, Freundschaft und Lebensfreude als Gesamtkunstwerk zu verstehen:

Spar deinen Wein nicht auf für morgen.
Sind Freunde da, so schenke ein!
Leg, was du hast, in ihre Mitte.
Durchs Schenken wird man reich allein.

Und so nahm ich mir also vor, großzügiger zu werden. Zu Freunden, zu Unbekannten, im Leben, insgesamt. Das war irgendwann im Spätsommer. Kaum vorgenommen, besuchte uns eine Freundin und fragte, wo es die schönen Glasflaschen gebe, in denen wir unsere Apfelschorle aufbewahren. Ich druckste ein bisschen herum, erzählte, wo ich sie gekauft hatte – und gab mir einen kleinen Ruck: In unserem Kühlschrank stand nämlich noch eine und ich schenkte sie ihr.

Großzügigkeit spiegelt etwas von Gottes Wesen wider. Er ist unendlich großzügig. Lebte verschwenderisch seine Kreativität aus, als er die Erde schuf. Schickte weitherzig seinen Sohn in den Tod, um das Böse zu überwinden. Liebt mich gnädig und grenzenlos, auch wenn ich es nicht immer erwidere oder wert bin. Jeder Blick durchs Teleskop in gewaltige Universen, jeder Zoobesuch bei Prachtexemplaren wie Pustelschweinen oder Brillenpinguinen oder Pistolenkrebsen, jeder Sonnenaufgang in den Bergen, jeder Sturm am Strand lässt nicht nur seinen Sinn für Schönheit, seine unvorstellbare Schöpfungskraft, sondern auch seine hingebungsvolle, entfesselte Großzügigkeit erahnen.

Von den vier Evangelien schätze ich Lukas sehr, weil er sauber recherchiert, gut beobachtet und sein Wissen auf diverse Informanten stützt. Das erfreut die Journalistin in mir. Literarisch und persönlich berührt mich aber Johannes mehr. Seine schnörkelig-orientalische Schreibe wird mir nie langweilig. Schon seine Eröffnung ist legendär. „Am Anfang war das Wort." In den folgenden poetischen Versen beschreibt er Jesus, der immer bei Gott war, der alles geschaffen hat und das Licht für die Menschen ist. Und er spitzt seine Einleitung auf die – für seine Leser damals wie heute – überraschende, irritierende oder auch empörende Aussage zu: Dieses Wort wurde Mensch. Nicht:

Jesus war ein guter Mensch, der in Gottes Sinne handelte. Oder: ein besonderer Mensch, der viel Gutes tat. Sondern: Dieses ewige Wort, das schon in der Schöpfung wirkte, kam als Mensch, mit Haut und Haaren auf die Welt. („Es wurde Fleisch" heißt es im Griechischen wörtlich und wäre noch drastischer, klänge es für unser deutsches Ohr nicht so antiquiert; Johannes 1,14.) Später im Johannesevangelium sagt Jesus über sich selbst: „Ich und der Vater sind eins ... Wer mich sieht, der sieht den Vater" (Johannes 10,30; 14,9 LUT). Heißt im Umkehrschluss: Wer etwas über Gott wissen will, braucht sich nur Jesus anzusehen. Wenn man einmal genauer darüber nachdenkt, stellt man fest, dass wir ihn in der Natur zwar (mitunter sehr innig und überwältigend) spüren und seine Kraft und Energie ahnen, dort aber ansonsten recht wenig konkret über Gott erfahren. Laut Johannes aber ist klar: Gott ist wie Jesus. Das heißt, wir können einfach Jesus beobachten, um etwas über Gott zu erfahren, können uns ansehen, wie Jesus mit den unterschiedlichsten Leuten spricht, was er tut und was nicht, wozu er Stellung nimmt und wozu nicht, wie sehr er liebt, dass er Freundschaften lebt und heilt und Menschen versorgt. Je länger ich ihn beobachte, desto klarer wird mir: Jesus war großzügig. „Immer und immer wieder haben wir den Reichtum seines Segens empfangen", schreibt Johannes (Johannes 1,16 NLB).

Und Jesus war nicht nur großzügig, er beschreibt in vielen Erzählungen auch Gottes freigiebiges Herz. Einmal vergleicht er ihn mit einem Gärtner, der Samen ausstreut.

Er achtet nicht knickerig darauf, dass jedes Samenkorn sich zu einer prächtigen Pflanze entwickelt und ihm Ernte einbringt. Er verteilt sie freimütig – auch auf Fels und Weg und Dornen. Er rechnet nicht mit spitzem Bleistift, sondern verteilt spendabel.

Ein anderes Mal vergleicht Jesus Gott mit einem Mann, der eine Party geben will. Nur lassen sich seine auserkorenen Gäste leider mit mehr oder weniger fadenscheinigen Gründen entschuldigen. Aber der Partybetreiber sagt nicht die Feier ab – er sucht einfach andere Gäste. Erst Arme und Lahme. Und als noch Platz ist, lässt er es immer noch nicht gut sein, sondern sucht woanders weiter, damit die Hütte voll wird. Seine großzügige Feier findet auf jeden Fall statt – mit wem auch immer. Er stellt das Denken auf den Kopf. Gott feiert nicht, um sich mit den Schönen und Reichen zu umgeben. Er feiert lebensfroh. Mit denen, die wollen.

Feiern war ein ziemlich großes Thema für Jesus, auch in seinem vielleicht berühmtesten Gleichnis. Dem vom verlorenen Sohn – oder wäre „Der feiernde Vater" der bessere Titel? Sein Sohn verprasst das Erbe – und der Vater schimpft und zetert nicht. Er feiert. Unlogisch. Völlig gegen jedes Bauchgefühl. Wenigstens eine Standpauke hätte er ihm halten können. Aber er denkt nicht an Tadel, sondern schmeißt lieber die Party des Jahrhunderts. Und diese Charaktereigenschaften von Gott ziehen sich durch die Seiten der Bibel: Menschenliebe, Feierlaune, Großzügigkeit.

Gott schenkt mir das Leben und so viel mehr. „Teilt eure Gaben genauso großzügig aus, wie ihr sie geschenkt bekommen habt!", formuliert es die Neues Leben-Bibel (Matthäus 10,8). Ich will mitfeiern, will das Leben und Menschen lieben. Ich will großzügig sein, weil Gott großzügig ist.

Aber kaum dachte ich, es sähe auch gar nicht schlecht damit aus, als es an unserer Haustür klingelte. Ein Mann stand vor der Tür, ungepflegt, zerzaust, hielt mir ein zerknittertes Foto hin, sprach offenbar kein Deutsch. „Christ? Christ? Geld?" Der Gatte hatte sich kürzlich mit einem rumänischen Wanderarbeiter unterhalten, ihm erzählt, dass wir Christen sind, und ihm offenbar Geld gegeben. (Vielleicht war er selbst das wieder? Oder ein Kollege?) Kurz darauf hatte ich gesehen, wie die Polizei in unserer Straße die Personalien von – vermutlich – Wanderarbeitern aufnahm. Manchmal brauche ich Zeit zum Denken – die aber hatte ich gerade nicht und wimmelte den Türklingler voreilig ab. Er deutete noch bittend auf eine gutgefüllte Apfelkiste in unserem Flur und ich rückte zögerlich zwei Äpfel raus – dann war die Haustür wieder zu.

Hinterher war mir klar: Ziel verfehlt, Bruchlandung. Großzügig geht anders. Vielleicht wäre „What Would Jesus Do?" die hilfreichere Frage gewesen als all die Gedanken, die mir in diesem Moment durch den Kopf schossen: Will ich, dass jetzt jede Woche jemand auftaucht? Der nützt doch nur aus, dass er weiß, dass wir Christen sind. Er arbeitet vermutlich illegal irgendwo. Jadajadaja … Ich nehme mir vor, in Zukunft auf jeden Fall mindestens einen dicken Lunchbeutel zu verschenken, wenn jemand bei uns klingelt und uns um etwas bittet.

Um mich herauszufordern, lese ich anschließend mal wieder Shane Claibornes Buch „Ich muss verrückt sein, so zu leben". Der christliche Aktivist hat bei Mutter Teresa gearbeitet und während des Krieges im Irak protestiert. Er hat die Gemeinschaft The Simple Way in einem sozialen Brennpunkt in Philadelphia mitgegründet und lebt, was er in seinen Büchern schreibt: Nächstenliebe, Nachbarschaftshilfe, Gemeinschaft. Ich habe ihn vor ein paar Jahren interviewt und seine freundliche, sanfte, kluge Konsequenz hat mich ungemein beeindruckt. Beim Lesen packt mich wieder einmal, was er zum Thema Armut schreibt: „Armut wurde nicht von Gott erschaffen, sondern von dir und mir. Weil wir nicht gelernt haben, unseren Nächsten wie uns selbst zu lieben." Und noch etwas wird mir dabei wieder einmal dringend bewusst: Armut, das sind nicht dürre Äcker oder hohle Bäuche, sondern Menschen. Menschen, denen ich mich zuwenden, denen sich meine Hände entgegenstrecken und zu denen sich meine Füße aufmachen können. Armut ist kein abstraktes Leid. Armut sind Menschen. Lustige, muffelige, schlaue, sturköpfige, fröhliche und damit ganz verschiedene reale Menschen.

Kurz vor Weihnachten wird meine angestrebte Großzügigkeit auf eine weitere Probe gestellt. Zwischen Lichterketten, Holzbuden und Jingle Bells schiebe ich mich neben vielen Menschen mit dicken Tüten an den Händen durch meine zweitliebste Fußgängerzone, die in Essen nämlich. Der Gatte und die Sprösslinge sind woanders unterwegs. Ich habe zwei seltene kostbare Stunden für mich. Und da sehe ich ihn zwischen Zuckerwattebuden und Schnitzereien aus dem Erzgebirge auf dem Boden sitzen: staubig, verfilzte Haare, neben ihm sein Hund. Vielleicht ist er um die dreißig, aber wer hätte das bei seiner wachsfahlen Haut und den fast erloschenen Augen schon sagen können? Ein leerer Pappbecher steht vor ihm. Ich laufe in die nächste Bäckerei, kaufe ein Fleischwurstbrötchen, einen Kaffee, pule Milch und viel Zucker aus den Spendern. So weit, so einfach. Natürlich habe ich schon Geld in Pappbecher geworfen und auch schon Kaffee verschenkt, aber diesmal ist es anders.

Als ich zu ihm zurücklaufe und in die Hocke gehe, merke ich, dass ich keinen Plan habe, wie es weitergeht. „Fröhliche Weihnachten!", sage ich angesichts der Lichter und Buden hilflos beschwingt. Und hätte mir am liebsten gleich die Zunge abgebissen, als mich sein Blick trifft. Fröhliche Weihnachten? Wohl kaum. Vielleicht bin ich empfindlich, aber ich komme mir endlos fehl am Platze vor. Was will ich hier, in Shoppinglaune? Gutes tun? Sein Blick – keine Chance, ihn je zu vergessen. Weil er mich verunsichert, aber vor allem weil mir hinter diesen toten Augen plötzlich und durchdringend ein Mensch begegnet, eine Seele, eine Persönlichkeit, geprägt von all den Erleb-

180

nissen, Missgriffen, Begegnungen eines Lebens. Irgend-
welche Summen auf ein Konto zu überweisen oder Geld
in Spendendosen zu werfen, ist so etwas grundlegend
anderes als dieser Moment, in dem ich ihm hier in die
Augen blicke. Während ich Brötchen und Kaffee vor ihm
abstelle, stammele ich, dass ich nicht gewusst habe, ob er
Milch oder Zucker für seinen Kaffee brauche, und er sagt:
„Hoffentlich beides!" Ich atme ein wenig auf. Immerhin
irgendwas richtig gemacht. Dann weiß ich nicht, was ich
noch sagen soll, und stehe auf. Auf meinem Rückweg sitzt
er nicht mehr da.

Der Rahmen, durch den wir blicken

„Wenn wir unseren Nächsten lieben wollen, müssen wir,
bevor wir irgendetwas anderes tun, unseren Nächsten
erst einmal sehen – mit unserer Vorstellungskraft genauso wie mit unseren Augen", schreibt Frederick Buechner
in „Beyond Words". „Das heißt, wie Künstler dürfen wir
nicht nur sein Gesicht sehen, sondern müssen das Leben
dahinter und darin erkennen. Liebe – sie ist der Rahmen,
durch den wir blicken." Das passiert nicht einfach so, ich
muss es mir vornehmen. Mein Leben ist durchgetaktet:
Arbeit, Einkaufen, Familie, wenn Zeit ist: Freunde. Effektiv organisiert, Unnötiges ausgeblendet. Aber wo haben
die ineffektiven Begegnungen ihren Platz? Menschen,
die nicht in meinem verplanten Alltag vorgesehen sind?
Menschen, die jünger oder älter sind. Die eine andere
Muttersprache haben. Einer anderen Schicht angehören.
Ohne sie fehlt meinem Leben etwas. Wenn ich mir für

solche Begegnungen Zeit nehme, hilft mir das, die Welt und das Leben noch besser zu verstehen.

Darüber machen sich auch Robert und Edward Skidelsky in ihrem Buch „Wie viel ist genug?" Gedanken. Robert ist Wirtschaftshistoriker und Mitglied des britischen Oberhauses und sein Sohn Edward ist Sozialphilosoph. Menschen „werden krank, haben Depressionen, Familien und Freundschaften brechen zusammen, die Menschen haben Angst und dann betäuben sie sich mit immer mehr Krimskrams", sagt Robert Skidelsky in einem Interview und fügt hinzu: „... aber ich glaube nicht, dass sie dadurch wirklich ein Gefühl von Zufriedenheit erlangen". Denn Menschen sehnten sich nach Beziehungen, suchten aber an den falschen Stellen. Und dann fügt sein Vater Edward eine Analyse über unsere heutige Zeit an, die ich hochspannend finde: „Was an unserer Gesellschaft heute einzigartig ist: Wir fördern die Gier. Frühere Zivilisationen kannten Gier genauso, bezeichneten sie aber als Sünde, versuchten ihr Grenzen zu setzen. Heute halten wir Gier aber für etwas Natürliches, ja, Gesundes. Das ist der große Unterschied."[62]

Damit sind sie ganz nah an dem, wie die Bibel die Sache beurteilt. Dort klingt das Ganze so: „Löscht alles, was an euch noch irdisch ist: sexuelle Unmoral, Zügellosigkeit, böse Gelüste und die Gier. Gier ist Götzendienst" (Kolosser 3,5, eigene Übersetzung). Das griechische Wort *pleonexía*, das hier mit Gier übersetzt ist, bedeutet wörtlich „Mehr-haben-Wollen" oder „Streben nach mehr Dingen". Der Duden kennt noch die gute alte Pleonexie mit derselben Bedeutung. Heute ist sie ein fast unbekanntes Fremdwort – wenn man es so sieht, trifft Skidelskys Analyse also ins Schwarze. Bekämpfte man früher die Gier, hält man sie heute für selbstverständlich. Sieht man genau hin, fällt in diesem Vers noch etwas auf: Genannt wird dieses Fremdwort in exakt demselben Atemzug wie alle möglichen anderen Laster. Nicht aber die werden hervorgehoben, sondern die Gier wird noch einmal extra als Götzendienst betont. Übrigens ganz genau wie in Epheser 5,5. Und auch 1. Timotheus 6,10 geht in eine ganz ähnliche Richtung: „Geldgier ist die Wurzel alles Bösen" (eigene Übersetzung). Wohlgemerkt: *alles* Bösen heißt es hier. Das bedeutet doch: Aus Geldgier kann sämtliche Bosheit entstehen, die ich mir in meinen schauerlichsten Vorstellungen ausmalen kann. Angesichts der wiederholten Bekräftigungen scheint mir, dieser Vers fehlt zu Unrecht unter den Top Ten der beliebtesten Predigttexte.

Heute bekämpfen wir die Gier nicht nur, sondern fördern sie sogar, sagt Edward Skidelsky und hat wahrscheinlich recht. Wer mehr arbeitet und mehr verdient, wer noch erfolgreicher sein Gehalt verhandelt, wer den Karrieresprung meistert, dem applaudieren wir – respektvoll oder neidisch, je nach Charakter und eigener Position. Kritisch sehen wir das Haben-Wollen ganz allgemein eher selten.

Das liebe Geld

Als Teenager hatte ich den naiven Gedanken, man müsste sich begnügen können und die Fähigkeit haben, immer und überall zufrieden zu sein, dann bräuchte man nicht viel Geld. Und ahnte gar nicht, wie nah ich damit Voltaires Gedanken kam: „Wer seine Wünsche zähmen kann, ist reich genug." Aber auch, wenn ich mir nicht wahnsinnig viele Gedanken mache über Geld an sich, über Fonds, Aktien oder Sparkonten und meine Karriere finanziell auch keine großen Sprünge erwarten lässt, ist mir nicht egal, wie viel oder wenig ich mit dem Geld machen kann, das ich habe oder nicht. Ich würde gerne irgendwann noch ein paar Länder bereisen, möchte meinen Kindern später nicht alle Wünsche abschlagen müssen, weiß um einige Renovierungen, die bei uns fällig wären.

Und im Vergleich bin ich superreich, das ist mir klar. Dafür habe ich selbst hier in Europa, in Rumänien zum Beispiel, zu viele Menschen in zusammengeschusterten Hütten und Waisenkinder in nackten Stahlbetten schlafen sehen. Auf der Webseite globalrichlist.com kann ich mir ausrechnen lassen, dass wir alle zu den 20 Prozent der weltweit reichsten Menschen gehören – und diese Zahl gilt für den Hartz IV-Regelsatz. Der deutsche Durchschnittsverdiener gehört mit 2860 Euro brutto[63] sogar sage und schreibe zu den glücklichen 0,51 Prozent der reichsten Bewohner unseres Planeten.

Mit diesen Zahlen im Hinterkopf macht mich ein Spruch nachdenklich: „Wenn du reich bist und nicht habgierig, dann bleibst du nicht lange reich, sobald du die Nöte deiner hungernden Nächsten siehst."[64] Wie viel bin ich bereit wegzugeben? Wie viel soll, darf, muss ich behalten? Oder ist das die falsche Frage? Ich weiß es nicht. Ich weiß aber, dass ich mich von dieser Frage weiter herausfordern lassen und der Habsucht entschieden die Großzügigkeit entgegensetzen will.

Nicolas Berggruen, ehemaliger Finanzinvestor von Karstadt, gehört zu der Gruppe von Milliardären, die der US-Amerikaner Warren Buffett um sich versammelte und die mit ihrem sogenannten „Giving Pledge" (deutsch etwa „Spendenversprechen") zusagten, jeweils mindestens die Hälfte (!) ihres Besitzes an Stiftungen zu verschenken. In einem Artikel der Welt am Sonntag schrieb er: „Reichtum zu erwerben und zu vermehren, ist eine elektrisierende Angelegenheit. Dazu gehören viel Risikobereitschaft, Mut und natürlich auch Erfolg. Von all dem in einer sinnvollen und überzeugenden Weise zurückzugeben, und zwar freiwillig, als ein freier Bürger, ist sogar noch elektrisierender, finde ich."[65] Wer wollte dieses elektrisierende Gefühl nicht erleben?

Irgendwann im Laufe meiner Gedanken über die Großzügigkeit wird mir klar, dass sie sich nicht nur auf Materielles bezieht, sondern ich noch auf einem ganz anderen Gebiet Nachholbedarf habe: Nirgendwo reagiere ich so kleinlich wie in meinem schwarzen Auto. Jemand will sich noch schnell reindrängen? Aber nicht bei mir! Fußgänger? Das ist doch wohl meine Straße! In einem meiner helleren Momente sehe ich ein, dass Großzügigkeit hier nicht viel kostet, aber anderen viel Frust ersparen kann – oder sogar einen kleinen Glücksmoment verschafft, weil die Twingo-Fahrerin nicht die endlose Autokolonne abwarten muss, wenn ich sie einfach abbiegen lasse, und der Papa mit Kind schneller auf die andere Seite kommt, wenn ich kurz anhalte. Jedenfalls habe ich seit meinen zaghaften Fortschritten auf diesem Gebiet schon ein paar dankbare Lächeln geerntet und finde, das ist ein gutes Zeichen.

Großzügigkeit muss nicht immer viel kosten. Es geht nicht um teure Geschenke, um fette Einladungen und Geld. Genauso kann ich meine Zeit teilen, wenn ich für andere mitkoche oder beim Umzug helfe oder die Kinder der anderen Familien nach dem Sport nach Hause fahre. Ich kann meine Augen öffnen und kleine Gefälligkeiten tun: den Nachbarn samstags Brötchen mitbringen, Müll aus der Nachbarhecke mitnehmen, der Verkäuferin eine aufmunternde Blume schenken, die Walnüsse aus dem Garten zum Mitnehmen an die Straße stellen, der alten Dame Punsch vorbeibringen. Es geht darum, das Leben zu feiern, statt abzusichern und knauserig den Bestand zu wahren. Es geht darum, einen Blick zu haben, welche meiner Geschenke auch andere glücklicher machen können. Es geht um Menschenliebe, Lebensfreude und Feierlaune. Mehr davon gerne.

11
WEITERDENKEN

Vom Unmut der Zahlenden

„Die Welt braucht Menschen,
die so sehr an eine andere Welt glauben,
dass sie nicht anders können,
als sie jetzt schon zu leben."
Shane Claiborne[66]

„Wir neigen dazu, Erfolg eher nach der Höhe
unserer Gehälter oder nach der Größe unserer Autos zu
bestimmen als nach dem Grad unserer Hilfsbereitschaft
und dem Maß unserer Menschlichkeit."
Martin Luther King

Ein Buchladen, ein Kreativgeschäft, ein Laden für Holzspielzeug, ein Kinder-Secondhandshop – ihre Ladenlokale stehen jetzt leer. Geschlossen. Zugegeben, um diese fünf trauere ich mehr als um den Herrenausstatter, das Schuhgeschäft und die Teenboutique. Acht Läden haben in den letzten drei (!) Monaten in meinem Stadtteil die Rollläden runtergelassen. Die Gründe mögen unterschiedlich gewesen sein, vielleicht waren auch persönliche dabei. Der Boom der Internetkäufe ist wohl aber am Untergang der mir ans Herz gewachsenen Einzelhändler ebenfalls nicht völlig unschuldig. Klar, ich schätze es auch, abends um neun gemütlich im Warmen noch schnell ein Geschenk für den Kindergeburtstag, ein Buch für meine Arbeit oder eine Auswahl an Turnschuhen zu bestellen, von denen ich bis auf mein Lieblingsmodell alle wieder zurückschicken kann. Aber so bequem meine einsame Bestellung vom Sofa aus auch ist, ich beschränke sie auf Notfälle – und wunderschöne Einzelstücke bei Etsy, wo kreative Einzelkämpfer eine Ladentheke finden, um ihre Kunstwerke auszubreiten.

Wenn nichts anderes, fehlt mir im Webshop aber der persönliche Kontakt, das kurze Gespräch. Die Dame in meiner Lieblingspapeterie kannte alle zwanzig Farben, in denen es die Tasche gab, die ich ins Herz geschlossen hatte. Sie hatte nicht alle auf Lager, konnte sie aber bestellen und wusste, welche Farbe vom Foto im Prospekt abweicht. Abgesehen davon, dass sie mir von einer abraten und eine andere empfehlen konnte, war es ein netter Kontakt, wir haben uns ein bisschen unterhalten und hatten eine kurze, menschliche Begegnung. Im Webshop begegne ich höchstens blinkenden Bannern.

Wenn ich viel Zeit habe (oder besser: große Lust verspüre, sie mir zu nehmen), gehe ich auf den Wochenmarkt, wenige Schritte vom Schlosspark und der alten Kirche entfernt, in die ich mich anschließend am liebsten noch eine Weile setze, um dort im „Wohnzimmer Gottes", wie man den Kirchenraum hier so schön nennt, ein kleines Zwiegespräch zu führen. Auf dem Markt finde ich nicht nur Gemüse und Obst von den Höfen der Umgebung, sondern treffe immer auch echte Originale. Am Fischstand bekomme ich gleich die passenden Rezepte, als ich gestehe, nicht viel Ahnung zu haben. Der Fleischer schräg gegenüber erklärt mir mit Engelsgeduld die unterschiedlichen Grützwurstarten aus Bremen, Oldenburg und anderswo (von deren Erwerb ich allerdings schnell Abstand nehme). Meine Lieblingsverkäuferin steht jedoch am Blumenstand. Sie hat das frisch-derbe Aussehen einer Gärtnerin, ein sanftes Lächeln, ist gehörlos und hat schon mehrfach meinen Tag gerettet. Als ich ihren Stand einmal mit quengelndem Kleinkind und nach diversen Besorgungen ansteuerte, drängelte sich eine pelzbekleidete Dame dezent vor – unbemerkt von allen anderen. Ich war kurz davor, wutschnaubend weiterzustampfen, blieb aber schließlich resigniert stehen. Und dann lächelte mich die Gärtnerin mit ihrem großartigen Strahlen einfach an, verkaufte mir mein Pflänzchen und schenkte mir eins dazu. Einfach so. Lächelnd.

Ob Wochenmarkt oder Buchladen, ich wünsche mir lebendige Orte in meiner Umgebung, an denen Menschen zusammenkommen. Ich wünsche mir Fußgängerzonen voller Blumenläden, Schreibwarengeschäfte, kleinen Cafés, Secondhandshops und mit einem Kaufhaus, in dem ich schnell eine Leggins, Brotdose und Kartenspiele kaufen kann. Darum bemühe ich mich, Zeit zu finden, mein Fahrrad aus dem Schuppen zu holen und hinzufahren, wann immer ich etwas brauche.

Die Tricks der Großen

Außerdem behagt mir nicht, dass Amazon mittlerweile so viel Marktmacht besitzt, dass es im Buchhandel seine knallharten Bedingungen vorgeben kann. Mir behagt nicht, dass Amazon seine Kunden durchleuchtet und gigantische Mengen an Informationen sammelt. Mir behagt nicht, wie Amazon offenbar zuweilen seine Mitarbeiter behandelt. Und mir stinkt noch etwas ganz anderes. Wenn ich bei Amazon.de etwas bestelle, beliefert mich offiziell Amazon EU S.a.r.L aus Luxemburg. Amazon Deutschland gibt sich als Logistikservice aus und bekommt einen kleinen Teil meines Geldes, es werden Lizenzen und Gebühren fällig, der große Batzen geht jedoch nach Luxemburg oder über weitere Landesgrenzen hinweg, und wenn das Geld irgendwann ankommt, hat sich jede Steuerpflicht in Luft aufgelöst.

Amazon steht damit natürlich nicht alleine da. Solange es Schlupflöcher gibt, werden große Konzerne sie nutzen.

2012 zahlte Starbucks beispielsweise in England gar keine Steuern. Denn der arme Kaffeeröster erlitt auf seinem wichtigsten Markt schlimme Verluste und dafür fielen natürlich keine Steuern an. Merkwürdigerweise stand das Unternehmen vor den eigenen Anlegern hingegen sehr profitabel da. „Der Fall warf ein Schlaglicht darauf, wie sich internationale Konzerne – ganz legal – steuerlich arm rechnen", schrieb Reuters-Korrespondent Tom Bergin, der die Sache aufdeckte. In den rund 700 britischen Coffee Shops der Kette klingelte nämlich umgerechnet mehr als eine halbe Milliarde (!) Euro in den Kassen. Aber: „Unter anderem wegen Lizenzgebühren an die Europa-Zentrale in den Niederlanden rutschte die Tochter am Ende in die roten Zahlen."[67] Denn die Niederlande erheben keine Steuern auf Lizenzen und Zinsen, die im Ausland angefallen sind. Die Beschreibung „aggressive Steuervermeidung" klingt nicht ganz abwegig. Besonders fies: Meine Papeteriehändlerin, die Gärtnerin vom Wochenmarkt und Herr Johannsen, mein Buchhändler, können nicht in die Trickkiste greifen und drücken brav ihre Steuern ab. Von denen wiederum genau die Straßen gebaut und repariert werden, über die Amazon seine Bücher ins Land kutschiert, könnte man sagen, wenn man es ein wenig pathetisch mag.

Nun gaben die vornehmen Briten 2012 in diesem Fall ihre sprichwörtliche Zurückhaltung auf und wurden aufmüpfig. Nicht nur ein Parlamentsausschuss schoss heftig gegen Starbucks, Amazon, Apple, Google und andere internationale Großkonzerne, sondern auch die englischen

Aktivisten von UK Uncut zeigten ihre Wut darüber, persönlich mehr Steuern bezahlt zu haben als der Megakonzern. Ihre sympathische Vorgehensweise: Sie verwandelten bestimmte Coffeeshop-Filialen in Frauenhäuser und Kinderkrippen, um allen vor Augen zu führen, dass die Mittel solcher Einrichtungen auch darum gekürzt werden mussten, weil Starbucks seiner Steuerpflicht nicht nachgekommen war. Und die andauernden Proteste und Boykotte von britischen Bürgern, Aktivisten und Politikern zeigten Erfolg: Starbucks ließ sich breitschlagen, rund zwölf Millionen Euro Steuern in England zu bezahlen – und verlegte seinen Europasitz von Amsterdam nach Großbritannien, wo das Unternehmen europaweit die größten Gewinne erzielt.

Selbst wenn 2015 bekannt wurde, dass Starbucks in Großbritannien trotzdem nicht alle reellen Steuern berappt, ist die Geschichte für mich ein Beispiel dafür, wie sehr das Zusammenwirken vieler verschiedener Stimmen für Veränderung sorgen kann. Als Einzelne kann ich die multinationalen Konzerne und ihre Steuertrickserei meiden so gut es geht und Alternativen suchen. Wenn es denn doch mal ein Onlinekauf sein muss, bestelle ich meine Bücher im Onlineshop meines lokalen Buchhändlers, sodass er das Geld bekommt. Geliefert wird genauso schnell und umsonst wie bei den großen Händlern. Und für andere Waren lassen sich ebenfalls kleine Händler finden – am liebsten in meiner Nähe wegen der kürzeren Wege für die Pakete –, die sich mit ihrem Webshop eine Existenz aufgebaut haben (zu finden zum Beispiel über die Verkäufer-informationen bei Amazon).

Mit etwas mehr Engagement kann ich den Konzernen dann meine Zurückhaltung per Mail oder Brief auch noch höflich erläutern. Was hilft, ist eben auch der Unmut der Zahlenden. Und wenn ich ganz viel Lust und Wut habe, beteilige ich mich an Demos, Protesten und Aktionen und fordere Politiker auf, sich einzusetzen. Auf Europaebene müsste etwas geschehen. EU-weite Mindeststeuersätze etwa könnten helfen ebenso wie ein besserer Informationsaustausch zwischen den Ländern. Steuerschlupflöcher müssten geschlossen werden. Überhaupt ist an vielen Stellen eben doch die Politik gefragt. Mein privater Konsum, meine Bereitschaft, auch mehr zu bezahlen, wenn Menschen davon profitieren, bleibt immer nur ein kleiner Teil, ein Zeichen, dass ich etwas tun will. Hoffentlich ist es aber vor allem ein Anstoß für Politiker und Unternehmen auf allen Ebenen, dass sich im größeren Maßstab etwas ändert.

Deshalb engagiert sich auch die Micha-Initiative mit ihren Aktionen und Materialien in den drei Bereichen Glaube, Lebensstil und Politik. In der Kampagne „fair.liebt. transparent." zum Thema Rohstoffe wurde beispielsweise dazu ermutigt, zum einen das eigene Konsumverhalten hinsichtlich Elektronik zu hinterfragen (Lebensstil), zum anderen die EU um strengere Transparenzrichtlinien gegen Korruption und Konfliktrohstoffe zu bitten (Politik) und sich drittens mithilfe täglicher Impulse und des Micha-Sonntags auch theologisch und im Gebet mit dem Thema auseinanderzusetzen (Glaube). Mein persönliches Shoppingverhalten steht immer vor dem Hintergrund des großen Ganzen, das uns genauso betrifft. Da sich in der Micha-Initiative Bürger und nicht Profilobbyisten engagieren, stehen ihr manchmal sogar andere Türen offen als anderen Organisationen. Bei den Gesprächen über die Transparenzrichtlinien der EU waren Mitglieder des Europäischen Parlaments dabei, die anfangs nur die wirtschaftlichen Vorteile sahen, sich im Verlauf der Diskussion aber auch der entwicklungspolitischen Dimension der Richtlinien bewusst wurden. Am Ende wurden die Richtlinien tatsächlich weitestgehend so verabschiedet, wie es die Micha-Initiative gemeinsam mit etlichen anderen Organisationen gefordert hatte.

Auf dem Weg

Es ist gefährlich, mal an irgendeiner Stelle anzufangen und bewusst nur noch fair gehandelten Kaffee zu kaufen, Leserbriefe zu schreiben, Petitionen zu unterzeichnen oder Stoffbeutel mit in den Supermarkt zu nehmen. Wenn ich dann noch Reportagen sehe und Artikel lese, finde ich plötzlich überall in der Zeitung und im Netz Zusammenhänge, bei denen ich mich am Kopf kratze und denke, dagegen müsste unbedingt mal irgendjemand etwas tun.

Das Feld ist groß, das ich noch beackern könnte und vielleicht sollte. Trotz allem fahre ich weiterhin Auto, kaufe auch konventionelle Kleidung und Lebensmittel, benutze immer noch meinen Trockner und nur selten (aber immer häufiger) meine Wäscheständer. Ich tue manches, aber nicht alles, das mir möglich wäre. Wohl auch, weil ich gelegentlich bezweifle, ob es dem Erdball wirklich so viel nützt, wenn ich kleine Bürgerin aufs Rad umsteige und einen Wassersparbrausenkopf an meine Dusche montiere. „Die Möglichkeit jedes Einzelnen in Deutschland liegt vor allem darin, das Klimaproblem wirklich ernst zu nehmen und sich nicht ablenken zu lassen", sagt allerdings Anders Levermann vom Potsdam-Institut für Klimafolgenforschung. Wenn die Energiewende hier bei uns in Deutschland doch noch in Gang kommt, kann sie ein Anstoß für Veränderungen weltweit sein und wie wir heute leben, bestimmt, wie morgen und übermorgen unsere Kinder und Enkel klarkommen. Darum argumentiert Levermann: „Wenn einem das Problem wichtig ist, dann muss man standhaft bleiben, obwohl Klimawandel schon seit zwanzig Jahren ein Thema ist und es einem sozusagen schon zum Hals raushängt."[68] Schön gesagt.

Also bleibe ich dabei: Ich will nicht durch Perfektionismus erstarren. Mein Bisschen ist immer noch besser als nichts. Es gibt eine Menge lobenswerter Themen, um die ich mich nicht kümmere. Das ist okay. Aber gleichzeitig will ich auch weiterdenken, will weiter blicken, will nicht naiv glauben, dass mit Bio-Tomaten und Fahrradfahren die Kuh vom Eis ist (oder der Eisbär sein Eis behält, um im Klimawandelbild zu bleiben).

Und so bleibe ich also auf meiner Reise. Mein Fazit meines eingangs genannten Selbstversuchs: Ich lerne weiter, großzügiger zu werden. Plane den Konsumverzicht vielleicht mit einer neuen Kauf-nix-Woche, vor allem aber mit noch fröhlicherem Abwägen, was ich vielleicht doch nicht brauche. Kaufe ab Frühsommer meine Äpfel von der Südhalbkugel. Und boykottiere inzwischen fast durchgehend die Massentierhaltung. Selbst der Gatte geht mittlerweile aus eigener Überzeugung an jedem Hähnchenstand vorbei – und dufte es dort noch so verführerisch –, weil er die Massenaufzucht nicht mehr rechtfertigen will (und das will schon was heißen). Kürzlich habe ich mutig einen fleischlosen „Bratling" aus dem Kühlregal ausprobiert, obwohl mir bislang allein dieser Name leichte Gefühle der Übelkeit bescherte. Was soll ich sagen – die ganze Familie riss sich darum und lobte ihn überraschenderweise begeistert. Deswegen steht mein Entschluss, noch mehr vegetarische Produkte und Rezepte auszuprobieren.

Einfacher wird der kritische Konsum allerdings nicht automatisch. Im Gegenteil: Je mehr ich weiß, desto komplizierter wird manches auch. Kurz vor Manuskriptabgabe mailt mir eine Freundin noch einen Artikel mit dem Hinweis: „Interessiert dich vielleicht." Es geht um fairen Handel und in dem Beitrag wird bemängelt, wie schlecht die fairen Kaffeekleinbauern ihre Saisonarbeiter bezahlen. Auch in den fairen Kooperativen herrscht also nicht nur heile Welt. Keine Überraschung, trotzdem flackert kurz der Zweifel auf: Kann ich fairen Kaffee so eindeutig empfehlen? (Antwort: Ja!) Aber dass der Weg steinig ist und manchmal keinen Spaß macht, wusste ich schon vorher. Ich will dranbleiben und mich in meinem realen Alltag zwischen den hohen Gipfeln des Idealismus auf der einen Seite und den Begrenzungen, Schwierigkeiten, Komplexitäten auf der anderen hindurchschlängeln – und dabei froh und genießerisch, lustvoll und kritisch bleiben. Ich will selber denken und mir Meinungen bilden und wenigstens ein fundiertes Halbwissen ansammeln über die Dinge, die ich wöchentlich einkaufe. Ich will Fragen stellen – mir selbst, den Konzernen, der Politik, in Gesprächen mit Freundinnen. Warum haben Chefs 1978 30-mal mehr verdient als normale Arbeiter und 2013 296-mal? Wie können wir aufhören, Dinge zu kaufen, die zu billig sind? Wie viel Einfluss haben Lobbyisten und muss das so sein? Wann kommt die CO_2-Abgabe?

Und ich will Antworten suchen. Wie es gehen könnte, was man ändern müsste – und was schon gehen kann und was ich ändern will. Ich will mich trauen, nicht mehr mitzumachen, wenn ich etwas unhaltbar finde. Und würde gern noch mehr Menschen finden und gemeinsam kreativ Dinge anders wagen, anpacken, ausprobieren und gerechter leben. Ich kann nicht alles umschmeißen und die Welt retten. Zum Glück. Aber ich will mich ernsthaft fragen, was für eine Welt ich heute, morgen und übermorgen bewohnen möchte. Und ich will Gott fragen, wie er sich seine andere Welt gedacht hat, und anfangen, sie schon jetzt und hier zu leben.

LITERATUR

Bücher

Christian Berg, Manuel J. Hartung: Welt retten für Einsteiger – 30 Gründe für ein gutes Gewissen, dtv 2007.

Dave Bookless: Und mittendrin leben wir – Gott, die Ökologie und Du, fontis 2015.

Kirsten Brodde: Saubere Sachen – Wie man grüne Mode findet und sich vor Öko-Etikettenschwindel schützt, Ludwig 2009.

Kirsten Brodde und Alf-Tobias Zahn: Einfach anziehend – Der Guide für alle, die Wegwerfmode satthaben, oekom 2018.

Tanja Busse: Die Einkaufsrevolution – Konsumenten entdecken ihre Macht, Blessing 2006.

Shane Claiborne: Ich muss verrückt sein so zu leben – Kompromisslose Experimente in Sachen Nächstenliebe, Brunnen 2007.

Fred Grimm: Shopping hilft die Welt verbessern – Der andere Einkaufsführer, Goldmann 2006.

Kathrin Hartmann: Die grüne Lüge – Weltrettung als profitables Geschäftsmodell, Blessing 2018.

Michael Kopatz: Ökoroutine – Damit wir tun, was wir für richtig halten, oekom 2018.

Andreas Möller: Das grüne Gewissen. Wenn die Natur zur Ersatzreligion wird, Hanser 2013.

Jeremy Rifkin: Access – Das Verschwinden des Eigentums: Warum wir weniger besitzen und mehr ausgeben werden, Campus 2000.

Pietra Rivoli: Reisebericht eines T-Shirts – Ein Alltagsprodukt erklärt die Weltwirtschaft, Econ 2006.

Joel Salatin: Schweineglück & Lebenslust – Wie uns der achtsame Umgang mit der Schöpfung glücklich macht. Einsichten eines (frommen) Landwirts, Gerth 2018.

Tobias Schlegl: Zu spät? – So zukunftsfähig sind wir jungen Deutschen, Rowohlt 2008.

Robert und Edward Skidelsky: Wie viel ist genug? – Vom Wachstumswahn zu einer Ökonomie des guten Lebens, Kunstmann 2013.

Thomas Weißenborn: Anders leben – Eine Familie fairsucht's, Francke 2013.

Zeitschrift

enorm – Zukunft fängt bei Dir an, Social Publish Verlag, Hamburg.

ANMERKUNGEN

[1] Frutarier werden Menschen genannt, die lediglich solche pflanzlichen Produkte zu sich nehmen, die man nur ohne Beschädigung der Pflanze, von der sie stammen, zu haben sind, z. B. Obst, Nüsse und Samen, aber keine Wurzeln. Strenge Frutarier sammeln nur Früchte, die bereits vom Baum gefallen sind.

[2] Interview mit Bono im Rahmen der Leadership Summit in der Willow Creek Community Church, August 2006.

[3] Leider ist mir bisher nicht gelungen, zweifelsfrei festzustellen, ob dieses Zitat von Ron Sider, Richard Foster oder John Ortberg stammt.

[4] Peter Plöger: Einfach ein gutes Leben – Aufbruch in eine neue Gesellschaft, Hanser 2011.

[5] Le Mentzel & The Crowd: Hartz IV Moebel.com – Build more buy less!, Hatje Cantz 2012.

[6] Jeremy Rifkin: Access – Das Verschwinden des Eigentums: Warum wir weniger besitzen und mehr ausgeben werden, Campus 2000.

[7] Mareen Linnartz: „Eltern wollen das Beste für sich", Nido 9/2013.

[8] https://www.ardmediathek.de/ard/player/Y3JpZDovL2JyLm-RlL3ZpZGVvL2Y0NDg5ODE2LTczMmYtNGU4NC04Y-2FlLTk3MzQzMGNkNjRhMg/, letzter Zugriff am 06.12.2018.

[9] Carina Konrad: „Frist für Ferkelkastration ohne Betäubung verlängert – ein Armutszeugnis der GroKo", https://www.focus.de/politik/experten/ferkelkastration-ohne-betaeubung-verlaengert-ein-armutszeugnis-der-groko_id_9947828.html, letzter Zugriff am 06.12.2018.

[10] https://albert-schweitzer-stiftung.de/massentierhaltung/schweine/mastschweine, letzter Zugriff am 06.12.2018.

[11] Thomas Oesterle: „Tierethik als eine Konkretion der Forderung nach Bewahrung der Schöpfung", www.gemeindedienst.info/upload/tierethik.pdf, letzter Zugriff am 15.05.2014.

[12] Michael Gassmann, Florian Gehm: „Fleischkonsum – Glück hat seinen Preis", Welt am Sonntag vom 07.10.2018.

[13] Dr. Ulrike Eberle, Uwe R. Fritsche: „Treibhausgasemissionen durch Erzeugung und Verarbeitung von Lebensmitteln", https://www.oeko.de/oekodoc/328/2007-011-de.pdf, letzter Zugriff am 06.12.2018.

[14] Fleischatlas 2018, herausgegeben von Heinrich-Böll-Stiftung, Bund für Umwelt und Naturschutz Deutschland und Le Monde Diplomatique.

[15] „Weniger Fleischkonsum würde armen Ländern helfen", https://www.epo.de/index.php?option=com_content&view=article&id=9417:weniger-fleischkonsum-wuerde-armen-laendern-helfen&catid=91&Itemid=159, letzter Zugriff am 25.01.2019.

[16] Fleischatlas 2014 – Daten und Fakten über Tiere als Nahrungsmittel, herausgegeben von Bund für Umwelt- und Naturschutz (BUND) und Heinrich-Böll-Stiftung.

[17] „Weniger Schwein, dafür mehr Rind und Geflügel auf dem Teller", https://www.fleischerhandwerk.de/presse/pressemitteilungen/weniger-schwein-dafuer-mehr-rind-und-gefluegel-auf-dem-teller.html, letzter Zugriff am 06.12.2018.

[18] Michael Fröhlingsdorf, Nils Klawitter, Michaela Schießl: „Bio gegen bio", Der Spiegel, 45/2014.

[19] Robert Hatl: „Energiebilanz von Äpfeln", www.energie-weblog.de/energiebilanz-von-aepfel/, letzter Zugriff am 11.6.2014; Max Rauner, Jens Uehlecke: „Umweltbilanz: Bio-Äpfel vom Ende der Welt – eine Ökosauerei?", www.spiegel.de/wissenschaft/mensch/umweltbilanz-bio-aepfel-vom-ende-der-welt-eine-oekosauerei-a-487097.html, letzter Zugriff am 13.06.2014.

[20] Michael Gassmann: „Die Banane ist Aldis nächster Sündenfall", https://www.welt.de/wirtschaft/article182954922/Preiskampf-Die-Banane-ist-Aldis-naechster-Suendenfall.html, letzter Zugriff am 06.12.2018.

[21] „Bellarom Kaffee Kräftig" für 5,30/kg, „Fairglobe Transfair Bio Kaffee del Mundo" für 10,58/kg.

[22] „Fairer Handel: Unfaire Geschäfte", Öko-Test vom 27.07.2012.

[23] Vgl. auch Thomas Schmid: „Tchibo nur ein bisschen fair",
taz vom 10.03.2010.

[24] Nachzulesen unter: www.naturlandzeichen.de/uploads/media/
4C-Positionspapier_FairTrader_Naturland.pdf, letzter Zugriff
am 13.06.2014.

[25] Für Kaffee aus Indonesien beispielsweise 2,6 Prozent, für entkoffeinierten Kaffee 3,1 Prozent, für Kaffee aus Brasilien sogar 7,5 Prozent
und 9 Prozent für entkoffeinierten Röstkaffee. Quellen: Deutscher
Kaffeeverband und Europäische Union.

[26] „Ferrero will Einkauf von Fairtrade-Kakao bis 2019 verdoppeln",
https://www.csr-news.net/news/2016/06/09/ferrero-will-einkauf-von-
fairtrade-kakao-bis-2019-verdoppeln/, letzter Zugriff am 07.12.2018.

[27] Philip Bethge, Laura Höflinger, Simone Salden: „So irrsinnig ist das
Geschäft mit der Wegwerfmode", http://www.spiegel.de/spiegel/
wegwerfmode-ist-oekologischer-irrsinn-a-1186694.html, letzter
Zugriff am 21.01.2019.

[28] Karin Steinberger: „Im Stich gelassen", Magazin der Süddeutschen
Zeitung, 17/2014.

[29] Winand von Petersdorff: „Die Jeans für 9,99 Euro ist zu billig",
http://www.faz.net/aktuell/wirtschaft/unternehmen/einkaeufer-
patrick-andrist-die-jeans-fuer-9-99-euro-ist-zu-billig-13066467.html,
letzter Zugriff am 28.11.2014.

[30] Ben Russell: „Peers criticise ‚fast fashion', The Independent,
20.08.2008; Daniel Baumann: „Primark – Kaufen, anziehen,
wegwerfen", Berliner Zeitung vom 28.07.2012.

[31] Zitat aus Folge von „Galileo", in der unter anderem der Weg eines
Billig-Shirts für 2,99 Euro sehr sehenswert verfolgt wird:
https://www.prosieben.de/tv/galileo/videos/weg-des-billig-t-shirts-
clip, letzter Zugriff am 08.12.2018.

[32] Marc Winkelmann, Ellen Köhrer: „In Handarbeit", enorm, Februar/
März 2013.

[33] Und damit von weniger als 1,25 Dollar (etwa neunzig Euro-Cent) am Tag. Quelle: Auswärtiges Amt.

[34] In der Galileo-Folge wurde der Preis eines T-Shirts, das bei Takko für 2,99 verkauft wird, nachgerechnet: Baumwolle: 0,60 Euro, Maschinen und Technik: 0,55 Euro, Arbeitslohn: 0,25 Euro, Transport: 0,10 Euro, Ladenmiete, Steuern, Werbung etc.: 1,00 Euro = 2,50 Euro. Dieses Shirt wurde in einer einzigen Woche 120.000 Mal verkauft – insgesamt millionenfach. https://www.prosieben.de/tv/galileo/videos/weg-des-billig-t-shirts-clip, letzter Zugriff am 08.12.2018

[35] Winand von Petersdorff: „Die Jeans für 9,99 Euro ist zu billig", Frankfurter Allgemeine Sonntagszeitung vom 27.07.2014.

[36] Yuriko Wahl-Immel, Veronika Eschbacher, dpa: Fabrikbrand in Pakistan – Prozess gegen Kik, https://www.zdf.de/nachrichten/heute/nach-fabrikbrand-in-pakistan-klage-gegen-kik-in-dortmund-100.html, letzter Zugriff 10.12.2018.

[37] Ellen Köhrer: „Die Kleinen treiben die Großen", enorm Oktober/November 2013.

[38] Wie viel für ein würdiges Leben in diesem Land nötig wäre, ist umstritten, die „Asian Floor Wage Campaign" (AFW) setzt sich zum Beispiel für einen sogenannten Existenzlohn von etwa 120 Euro ein.

[39] Vgl. Martin Hobi, Mark Starmanns: „Warum werden Näherinnen nicht fair bezahlt?", www.getchanged.net/de/magazin/hintergrund/aus-der-forschung-warum-werden-naeherinnen-in-der-modeindustrie-nicht-fair-bezahlt-70.html?page=1.1, letzter Zugriff am 19.07.2014.

[40] Die Zahlen und Informationen stammen aus der Kampagne „Turn Around H&M" der Clean Clothes Campain: https://saubere-kleidung.de/wp-content/uploads/2018/11/A-closer-look-at-HMs-wage-Nov-2018-by-CCC-A4-2.pdf, letzter Zugriff am 10.12.2018.

[41] Über kivanta.de und waescheliese.com sind einige der coolen Strickspielwaren auch hierzulande zu bekommen.

[42] www.pebblechild.com; Marc Winkelmann/Ellen Köhrer: „In Handarbeit", enorm Februar/März 2013.

[43] FairWertung; „drehscheibe – Wohin mit den Altkleidern?“, ZDF-Sendung vom 21.01.2014 und „Galileo – Größter Altkleidermarkt in Afrika“, ProSieben-Sendung vom 28.04.2013.

[44] „Toter Wal hat sechs Kilo Plastik im Bauch“, https://www.zeit.de/wissen/umwelt/2018-11/indonesien-toter-pottwal-gestrandet-kueste-wakatobi-plastikmuell, letzter Zugriff am 10.12.2018.

[45] „Ein Drittel weniger Kunststofftüten in Deutschland“, https://www.einzelhandel.de/index.php?option=com_content&view=article&id=9597, letzter Zugriff am 11.12.2018.

[46] „Einwegplastik – kommt nicht in die Tüte!“, http://www.duh.de/index.php?id=3705, letzter Zugriff am 28.11.2014.

[47] „Tüten aus Bioplastik sind keine Alternative“, https://www.umweltbundesamt.de/themen/tueten-aus-bioplastik-sind-keine-alternative, letzter Zugriff am 11.12.2018.

[48] Marcel Rosenbach, Simone Salden: „Share bringt erste voll recycelte Wasserflasche auf den Markt“, http://www.spiegel.de/wirtschaft/unternehmen/share-berliner-start-up-bringt-erste-voll-recycelte-wasserflasche-auf-den-markt-a-1228139.html, letzter Zugriff am 12.12.2018.

[49] „Mikroplastik und andere Kunststoffe in Kosmetika – Der BUND-Einkaufsratgeber“, https://www.bund.net/fileadmin/user_upload_bund/publikationen/meere/meere_mikroplastik_einkaufsfuehrer.pdf, letzter Zugriff am 11.12.2018.

[50] Aus: Joel Salatin: Schweineglück & Lebenslust. Wie uns der achtsame Umgang mit der Schöpfung glücklich macht. Einsichten eines (frommen) Landwirts. © 2018 Gerth Medien GmbH in der SCM-Gruppe, Aßlar, S. 280.

[51] „Kreuzfahrtjahr 2019 – Neun Erstanläufe und eine Taufe“, https://www.hamburg.de/hamburger-hafen/4144938/ausblick/, letzter Zugriff am 25.01.2019.

[52] „Luftschadstoffemissionen – Vergleich von Kreuzfahrtschiff und Pkw“, https://www.nabu.de/downloads/TabelleVergleichKreuzfahrtschiff_Pkw.pdf, letzter Zugriff am 25.01.2019.

[53] „Warum sind Stickstoffoxide schädlich?", https://www.umweltbundesamt.de/service/uba-fragen/warum-sind-stickstoffoxide-schaedlich, letzter Zugriff am 25.01.2019.

[54] „Warum ist Feinstaub schädlich für den Menschen?", https://www.umweltbundesamt.de/service/uba-fragen/warum-ist-feinstaub-schaedlich-fuer-den-menschen, letzter Zugriff am 25.01.2019.

[55] Immerhin sinkt 2020 der erlaubte Grenzwert für Schwefel endlich von 3,5 auf 0,5 Prozent. Ein kleiner Schritt voran.

[56] „5 innovative Projekte zum Umweltschutz", http://kreuzfahrt-magazin.info/5-innovative-projekte-zum-umwelts chutz.html, letzter Zugriff am 25.01.2019.

[57] „Emissionsquellen", https://www.umweltbundesamt.de/themen/klima-energie/klimaschutz-energiepolitik-in-deutschland/treibhausgas-emissionen/emissionsquellen, letzter Zugriff am 25.01.2019.

[58] „Die wahren Kosten des Fliegens: Klimakiller Luftverkehr", https://www.bund.net/mobilitaet/infrastruktur/luftverkehr/co2-emissionen/, letzter Zugriff am 25.01.2019.

[59] Reinhard Wolff: „Schweden meiden Flüge: Auf Schiene verreisen – oder gar nicht", http://www.taz.de/!5549744/, letzter Zugriff am 17.11.2018.

[60] Es wird mit unterschiedlichen Zahlen gerechnet. Der Klimaschutzplan 2050 der Bundesregierung nannte 2,0 Tonnen. Die Klimaschutzorganisation Atmosfair geht von 2,3 Tonnen sogenannten „CO_2-Äquivalenten" aus. Weil CO_2, Methan, Distickstoffmonoxid und alle anderen klimaschädlichen Gase unterschiedlich starke Auswirkungen haben, vereinheitlich man sie: Man vermutet beispielsweise, dass Methan ein 28 Mal höheres Treibhauspotenzial hat als CO_2, bei Distickstoffmonoxid könnte der Wert sogar 265 Mal höher liegen. Siehe auch: http://www.climatechange2013.org/images/uploads/WGIAR5_WGI-12Doc2b_FinalDraft_Chapter08.pdf, letzter Zugriff am 30.11.2018.

[61] Aus: Shane Claiborne: Ich muss verrückt sein, so zu leben, Brunnen 2006, S. 125.

[62] Titel, Thesen, Temperamente: „Was brauchen wir wirklich für ein gutes Leben?", 24.03.2013.

[63] Statistiken zum Durchschnittseinkommen, https://de.statista.com/themen/293/durchschnittseinkommen/, letzter Zugriff am 12.12.2018.

[64] „Can a Christian be rich?", www.jesusradicals.com/can-a-christian-be-rich/, letzter Zugriff am 15.08.2014.

[65] Nicolas Berggruen in der Welt am Sonntag vom 03.03.2013.

[66] Aus: Shane Claiborne: Ich muss verrückt sein, so zu leben, Brunnen 2006, S. 140.

[67] Reuters: „Starbucks zahlt in England für 2012 keine Steuern", Handelsblatt 29.06.2012; Maria Fiedler: „Teurer Kaffee, viele Feinde", Tagesspiegel vom 13.11.2012; Thorsten Schröder: „Starbucks und die Steuer-Clique", https://www.zeit.de/wirtschaft/unternehmen/2014-12/steuern-starbucks-google-amazon, letzter Zugriff 12.12.2018.

[68] Christine Holch: „Ich brauche nun mal ein Auto!", Chrismon 6/2014.